MARCO POLO

CÔTE D'AZUR

Reisen mit
Insider-T

Diese Tipps sind di
Empfehlungen u
Sie sind im Text

Fünf Symbole sollen Ihnen die Orientierung in diesem Führer erleichtern:

★ *für Marco Polo Tipps – die besten in jeder Kategorie*

für alle Objekte, bei denen Sie auch eine schöne Aussicht haben

für Plätze, wo Sie bestimmt viele Einheimische treffen

für Treffpunkte für junge Leute

(108/A 1)
Seitenzahlen und Koordinaten für den Reiseatlas Côte d'Azur
(O) *außerhalb des Kartenausschnitts*

Diesen Führer schrieb Günter Treffer, ein guter Kenner der Französischen Riviera. Die Aktualisierung hat Peter Bausch übernommen.

Die Marco Polo Reihe wird herausgegeben von Ferdinand Ranft.

Die aktuellsten Insider-Tipps finden Sie im Internet unter www.marcopolo.de

MAIRS GEOGRAPHISCHER VERLAG

Unsere Autoren haben nach bestem Wissen recherchiert. Trotzdem schleichen sich manchmal Fehler ein, für die der Verlag keine Haftung übernehmen kann.

Titelbild: Hotel Negresco in Nizza (laif: Neumann)

Fotos: O. Baumli (16, 17, 20, 23, 61, 80); laif: Neumann (26, 44, 96); Mauritius: Ausloos (94), Clasen (40), Dickins (49), GFP (50), Gierth (54), Hubatka (107), Krautwurst (62), Messerschmidt (9, 45), Nakamura (47), Schneider (73), Schmied (96), Thonig (12), Torino (32), Vidler (4, 34); M. Thomas (6, 11, 14, 19, 24, 28, 57, 69, 74, 83, 87)

Chefredakteurin: Marion Zorn

Lektorat: Andrea Sach

Kartografie Reiseatlas: © Mairs Geographischer Verlag

Gestaltung: Thienhaus/Wippermann (Büro Hamburg)

Sprachführer: in Zusammenarbeit mit dem Ernst Klett Verlag für Wissen und Bildung GmbH, Redaktion PONS Wörterbücher

Printed in Germany

Gedruckt auf 100% chlorfreiem Papier

INHALT

Entdecken Sie die Côte d'Azur!

Palmen an indigoblauem Meer, Hochlagen mit alpiner Vegetation – das ist die Côte d'Azur

Als erstes bemerkt man die Palmen. Sie sind gleichsam die Visitenkarte der Côte d'Azur. Wie ein Rufzeichen der Natur stehen sie da; Sendboten des Südens, sind sie ein stetes Versprechen auf Sonne, Wärme und einen blauen, mediterranen Himmel. »Luxe, calme et volupté«, Üppigkeit, Ruhe und Sinnenlust – das Dichterwort des großen französischen Symbolisten Charles Baudelaire passt wie kein anderes auf diese Landschaft, und es ist kein Zufall, dass Henri Matisse einem seiner schönsten Gemälde eben diesen Titel gab, er, der seine fruchtbarsten Jahre an dieser Küste verbracht hat.

Matisse war einer der ersten, die das blendende Licht und die starken Farben – das leuchtende Rot der Felsen, das Indigoblau des Meeres, das tiefe Grün der Pinien, das flammende Gelb der Mimosen im Spätwinter, das Silbergrau der Oliven im flirrenden Sommer – ins Land lockten. Fast alle Größen der modernen Malerei gaben sich an der Küste ein Stelldichein; Picasso war einer von vielen. Wie stets verstand er es, die größte Aufmerksamkeit auf sich zu lenken. Andererseits: Welcher Künstler kann schon von sich sagen, er habe einen ganzen Erwerbszweig auf die Beine gestellt wie Picasso die Töpferei von Vallauris?

Ausblick auf den Hafen und die Altstadt des im Osten der Côte gelegenen Grenzortes Menton

Zurück zu den Palmen: Auch wenn sie an der Küste prächtig gedeihen (solange es keinen Frosteinbruch gibt), heimisch waren sie dort nie. Der Mensch hat sie dorthin verpflanzt und damit einer ohnedies bereits opulenten Natur einen zusätzlichen exotischen Akzent aufgesetzt.

Für die Côte d'Azur ist dies allerdings eher die Regel als die Ausnahme. Nicht umsonst ist die Küste mit einem blühenden Garten verglichen worden. Hier hat der Mensch, aufbauend auf den natürlichen Gegebenheiten der Vegetation, diese wie ein behutsamer Gärtner ergänzt und bereichert. Wer würde meinen, dass die Mimose, deren gelbe Pracht im Winter mit dem Rosa und dem Weiß der Mandelbäume wetteifert, ebenso ein Import aus Australien ist wie der schnellwüchsige Eukalyptus, der inzwischen an der Küste Heimatrecht hat? Die Agave, die Opuntie mit den köstlichen Früchten und den widerlichen Stacheln kommen aus dem tropischen Amerika so wie andere Kakteenarten, die das Auge erfreuen.

Und erst die Vielfalt der mediterranen Flora, die im Frühling und nochmals im Herbst in einem Farbenrausch förmlich explodiert und nur im Sommer (dann allerdings, wenn die meisten Besucher kommen), von der Sonne ausgedörrt, scheinbar vertrocknet: die Macchia (man muss sie im Frühling blühend im Duft von tausend Kräutern erlebt haben), die immergrünen Eichen, die Edelkastanien, die Kiefern und die Pinien mit ihren charakteristischen schirmförmigen Kronen oder die schlanken Pyramiden der Zypressen. Dazu, in den Hochlagen des Hinterlands, eine echt alpine Vegetation mit Fichten-, Tannen- und Lärchenwäldern, mit Legföhrenbeständen und Almen.

Auch die vielen Nutzpflanzen formen das Landschaftsbild, an erster Stelle die Olivenhaine. Wirtschaftlich aber mindestens ebenso wichtig sind die Apfelsinen- und Zitronenkulturen sowie die Blumenfelder, die die Grundstoffe für die Parfumherstellung liefern. Die Vegetation in ihrer Vielfalt ist gleichsam das Kleid, in das sich die Landschaft hüllt, um ihren Reiz noch zu erhöhen. Und dieser Reiz ist sprichwörtlich.

Die Küste ist stark gegliedert. Immer wieder greift eine Landzunge, eine Halbinsel hinaus ins

Küste am Cap Roux

Meer und grenzt den Rundblick ab; vor der Küste liegen Inseln und brechen das Blau der Wasserfläche. Und immer wieder stoßen die Berge bis ans Meer vor, fallen steil zum Ufer ab, zwingen die Straßen zeitweilig hoch über die Küste, an der einsame Buchten liegen, die nur über steile Saumpfade oder von der See aus erreichbar sind. Fjordartige Buchten, die *calanques,* schneiden sich in den Fels. Nur zwischen Nizza und Cannes breitet sich in Küstennähe ein größeres Flachstück aus. Hier liegen die (im Sommer meist übervölkerten) weiten Publikumsstrände. Wer freilich Strand mit Sandstrand gleichsetzt, ist einer Enttäuschung sicher: Die große Mehrzahl der Badestrände an der Côte d'Azur besteht aus mehr oder weniger grobem Kies. Vom reinen Badevergnügen her (von der Wasserqualität ganz abgesehen) sind die *criques,* die Badeklippen der Felsenküste, den Stränden bei weitem vorzuziehen.

Wie die Küste ist auch das Hinterland reich gegliedert, wobei sich das Profil des Landes stetig von Ost nach West senkt: von den Dreitausendern der Seealpen an der italienischen Grenze über die steil ins Meer abfallenden Voralpen von Nizza und die Voralpen von Grasse und Castellane zur Hochebene der Plans de Provence, an die sich im Süden das Esterel-Gebirge und das Mauren-Massiv mit ihren Steilabstürzen ins Meer anschließen. Dieses Hinterland ist nur in dem relativ flachen Viereck Cannes-Grasse-Vence-Nizza »erschlossen«. Von ein paar punktuellen Zielen abgesehen, ist der Rest bislang noch kaum vom Fremdenverkehr entdeckt und vereinnahmt, obwohl diese Region eine ganze Reihe großartiger Naturdenkmäler aufzuweisen hat, vom Grand Canyon du Verdon bis zum Wald von Turini.

Das Klima an der Côte d'Azur ist ausgeglichen mediterran. Der Winter ist mild und normalerweise frei von Frost (sonst könnten sich Palmen und die kälteempfindlichen Zitruskulturen nicht halten), der Sommer ohne drückende Hitze. In Zahlen: Die Tagestemperatur im Winter liegt selten unter 10 °C, im Sommer steigt sie selten über 30 °C. Die Berge im Hinterland dienen als Klimaregler: Einerseits halten sie die kalten Winde ab – der in der benachbarten Provence so gefürchtete Mistral zeigt an der Côte wenig Wirkung; andererseits speichert das Gestein die Sonnenwärme. Eine stete Brise vom Meer lässt die Hitze nie drückend werden; auch kühlt es in der Nacht immer merklich ab. Generell ist es im östlichen Küstenabschnitt ab Nizza wärmer, ebenso in und um Hyères – daher eignen sich diese Orte vor allem auch für einen Winteraufenthalt.

Allerdings ist festzustellen, dass im Lauf der letzten hundert Jahre die Temperaturen generell gesunken sind. Es kommt öfter zu Winterfrösten (manchmal mit verheerenden Folgen); auch Palmen unter einer Schneehaube sind lange nicht so lustig, wie sie aussehen. Ungebrochen ist hingegen der Sonnenreichtum der Küste: 2725 Sonnenstunden im Jahr in Nizza, das sind im Durchschnitt über neun Sonnenstunden pro Sonnentag. Meist übertriebene Erwartungen werden in die Wassertemperatur gesetzt. Erst im Juni erreicht sie 20 °C, hält diese Marke (und übertrifft sie) dann allerdings bis Oktober. Fünf Monate im Jahr aber, von Dezember bis April, ist es für ein Bad im Meer einfach zu kalt.

Die Schönheit der Landschaft, der Reichtum der südlichen Vegetation und die Milde des Klimas haben die Côte d'Azur bereits um die Mitte des 18. Jhs., also noch vor der Schweiz, zur allerersten Ferienregion Europas gemacht. Vorreiter dieser Entwicklung waren die Engländer. Nicht von ungefähr ist der berühmteste Straßenzug der ganzen Küste, Nizzas »Goldene Meile«, die *Promenade des Anglais,* nach ihnen benannt. Bevor die Engländer die Küste entdeckten, war die Côte d'Azur eine arme Region. Die Bevölkerung ernährte sich vom Fischfang an der Küste und von der Landwirtschaft im Hinterland. Jahrhundertelang wurde sie immer wieder von Plünderern heimgesucht

Geschichtstabelle

Ab 600 v. Chr.
Griechische Siedlungen an der Küste.

151 v. Chr.
Gegen Kelten und Ligurer zu Hilfe gerufen, setzen sich die Römer an der Küste fest

102 v. Chr.
Vernichtung der Teutonen bei Aix-en-Provence

49 v. Chr.
Julius Caesar gründet Fréjus

6. v. Chr.
Nach Befriedung der kriegerischen Alpenstämme Errichtung des Siegesdenkmals von La Turbie

4.–5. Jh. n. Chr.
Ausbreitung des Christentums

6.–9. Jh.
Die Küste wird Teil des Frankenreichs, dann Niederburgunds

887–983
Teile der Küste fallen in die Hände der Sarazenen

1308
Das Adelshaus der Grimaldi erwirbt von der Republik Genua das Fürstentum Monaco

1388
Nizza im Besitz der Grafen von Savoyen (bis 1860)

1543
Belagerung Nizzas durch die Türken

1707
Einfall der Österreicher unter Prinz Eugen im Spanischen Erbfolgekrieg (1701–1713/14)

1746
Österreichischen Erbfolgekrieg (1741–1748)

1814
Napoleon I. schifft sich in St-Raphaël nach Elba ein

1815
Herrschaft der 100 Tage; Schlacht bei Waterloo

1865–1870
Anschluß der Côte d'Azur an das Eisenbahnnetz

nach 1920
Erste Ansätze zu einem Sommerfremdenverkehr, der nach 1945 großen Aufschwung bekommt

1942
Einmarsch deutscher Truppen

1944
Landung der alliierten Invasionstruppen an der Küste der Côte d' Azur

1946
Erstes Filmfestival in Cannes

1983
Regionalreform: Die Region Provence-Alpes-Côte d'Azur (PACA) wird gegründet. Sitz des Regionalparlaments ist Marseille

1990
Einweihung des Museums für moderne Kunst in Nizza

– von den Germanen, den Mauren, den Söldnern im Mittelalter, den Piraten.

Ihre große Zeit erlebte die Französische Riviera (damals hieß sie noch so) in der Belle Époque, der zweiten Hälfte des 19. Jahrhunderts. Das war die Zeit, da Louis Blanc in Monte Carlo das Casino aller Casinos errichtete, da gekrönte Häupter und die internationale erste Gesellschaft nach Nizza und Umgebung strömten, um dort den Winter zu verbringen. Blut- und Geldadel ließen sich zwischen Cap Martin und Cap d'Antibes die Traumvillen bauen, von denen auch heute noch überraschend viele in Betrieb sind, mit weniger Personal als früher, versteht sich, aber immerhin. Zu jener Zeit wurden auch die Hotelpaläste errichtet, in denen der erlesenste Luxus eine Selbstverständlichkeit war. Einige dieser Dinosaurier haben bis auf den heutigen Tag überlebt. Sie halten den Mythos der Côte d'Azur aufrecht, den Mythos von ihrer Einzigartigkeit, ihrer vornehmen Eleganz, ihrer Exklusivität. Sie liegen wie vor langer Zeit gestrandete Schiffe

Altstadt in Nizza

inmitten des Touristenrummels von heute.

Die Côte d'Azur ist ein Urlaubsziel wie jedes andere geworden, an manchen Orten etwas teurer als der Durchschnitt, anderswo nicht einmal das. Unübersehbar ist, dass der Massentourismus vieles vom Reiz und der Schönheit der Landschaft zerstört hat. Wie weit man sich inzwischen von der einstigen Exklusivität entfernt hat, beweisen die Blechlawinen auf den Küstenstraßen, die Lokale, deren »menu touristique« sich bereits den Niederungen der Fastfood-Speisen nähert; beweisen auch die Souvenirläden mit ihrem Ramschangebot. Dass es auch anders geht, dass man sehr wohl den Anspruch auf Qualität aufrechteralten kann, ohne sich in den Elfenbeinturm einer übertriebenen Hochpreispolitik zu flüchten, zeigen ein paar mutige Experimente wie Port-Grimaud.

So freigebig sich die Natur offenbart, an Baudenkmälern aus Antike und Mittelalter ist die Region, verglichen etwa mit der benachbarten Provence, eher arm. Ein Blick auf die Geschichte erklärt dies: An der Küste lebten arme Fischer, im Landesinneren arme Bauern. Es fehlten die urbanen Zentren, der große Hof eines kunstverständigen Fürsten. Ein paar Relikte aus der Römerzeit, ein paar hübsche Altstadtensembles, dazu an bemerkenswerten Bauwerken das Domviertel von Fréjus, die Abtei Le Thoronet und der Parvis (Domplatz) von Menton (der allerdings schon dem italienischen Kulturkreis angehört) – damit sind die architektonischen Glanzlichter

Die Marco Polo Bitte

Marco Polo war der erste Weltreisende. Er reiste in friedlicher Absicht, verband Ost und West. Er wollte die Welt entdecken, fremde Kulturen kennen lernen, nicht zerstören. Könnte er heute für uns Reisende nicht Vorbild sein? Aufgeschlossen und friedlich sollte unsere Haltung auf Reisen sein. Dazu gehören auch Respekt vor Mensch und Tier und die Bewahrung der Umwelt.

WWF

der Côte d'Azur bereits aufgezählt.

Doch seit 150 Jahren ist die südfranzösische Küste eine Spielwiese für die Architekten der Hotelpaläste wie des »Negresco« in Nizza, der Luxusvillen wie des heutigen Museums Ephrussi de Rothschild in Cap Ferrat oder der Kunstmuseen wie der Fondation Maeght in St-Paul-de-Vence. Denn die Region ist ein wahres Schatzhaus der Kunst. Der eine Höhepunkt ist die Zeit um 1500 mit der Schule von Nizza, einer der beachtenswertesten regionalen Malergruppierungen am Übergang von der Spätgotik zur Renaissance. In den Kirchen an der Küste und im Landesinneren haben die Maler der Schule von Nizza, allen voran Louis Bréa, viele eindrucksvolle Altarbilder hinterlassen. Vor allem aber ist die Côte d'Azur eines der Weltzentren der klassischen Moderne. Um die Jahrhundertwende hatte der Exodus der Maler in den Süden begonnen. Den Anfang machte Paul Signac 1892 in St-Tropez. Er löste einen Run an die Küste aus. Der erste Schub kam vor dem Ersten Weltkrieg, der zweite erfolgte nach dem Zweiten. Vielerorts hinterließen die Künstler Zeugnisse ihres Schaffens, allen voran Matisse mit seinem Gesamtkunstwerk, der Rosenkranzkapelle in Vence. Viele Maler statteten Sakralräume aus – Chagall in Grasse und Les Arcs, Picasso in Vallauris, Cocteau in Villefranche-sur-Mer; sie entwarfen Denkmal-Skulpturen wie Picasso in Vallauris und trugen zur Ausschmückung von Bauten bei wie Léger in Biot oder eine ganze Gruppe prominenter Künstler in der Fondation Maeght in St-Paul.

Darüber hinaus besitzen die Museen der Region Kunstwerke von unschätzbarem Wert. An der Spitze steht die Fondation Maeght in St-Paul mit einer der weltweit größten Sammlungen von Werken der klassischen Moderne; interessant für Kunstfreunde sind das Picasso-Museum in Antibes, das Léger-Museum in Biot, das Chagall-Museum in Nizza sowie kleinere Kollektionen wie das Cocteau-Museum in Menton, das Matisse-Museum in Nizza, das Annunziaten-Museum in St-Tropez oder die Renoir-Gedenkstätte in Cagnes-sur-Mer.

Die Wirtschaft der Côte konzentriert sich im Küstenbereich ganz auf den Fremdenverkehr. Wenn auch im Sommer weitaus mehr Gäste kommen, ist der Winterreiseverkehr nie ganz erlahmt, und vor allem zur Weihnachtszeit können die Hotels mit vollen Häusern rechnen. Gerade für Betriebe der gehobenen Kategorie ist die zweimalige Saison lebenswichtig. Industriebetriebe fehlen an der Küste, wohl auch aus Rücksicht auf den Fremdenverkehr, fast ganz. Die Fischerei, in früheren Zeiten ein Wirtschaftsfaktor ersten Ranges, hat stark an Bedeutung verloren. Das Hinterland, das sich immer mehr für den Tourismus öffnet, ist noch weitgehend agrarisch ausgerichtet. Allerdings hat man sich spezialisiert – auf Schnittblumen und *primeurs* – Frühobst und -gemüse. Dazu kommt der Anbau von Blumen für die Parfumproduzenten.

Flächenmäßig umfassen die Côte d'Azur und ihr Hinterland das Fürstentum Monaco und mehrere französische Departements: Alpes-Maritimes (zur Gänze), Var (zum Großteil) und den südlichsten Teil der Alpes-de-Haute-Provence. Uneinigkeit gibt es über die westliche Begrenzung der Region. Sie bis nach Marseille auszudehnen ist gewiß übertrieben. Am sinnvollsten scheint es, die Region bei Hyères enden zu lassen. Zusammen mit den vorgelagerten Hyerischen Inseln bildet die Halbinsel Giens eine natürliche topografische Markierung.

Um die besten Eindrücke von der Côte d'Azur zu erhalten, sollte man von Menton nach St-Raphaël die Bahn nehmen. Vom Zugfenster bieten sich Einblicke durch skurrile Felsen in traumhafte Buchten und immer wieder weite Ausblicke auf das Meer.

Herrliche Aussichten auf das Meer verschafft der *sentier littoral,* der als Küstenwanderweg gekennzeichnete Zöllnerpfad im Département Var. Gut 200 der 300 Küstenkilometer zwischen St-Raphaël und Bandol sowie auf Port-Cros und Porquerolles sind heute für Wanderer und Spaziergänger erschlossen.

Nizza präsentiert die weltweit größte Sammlung von Werken Marc Chagalls

Von Autorennen bis Zypresse

Die Côte d'Azur ist mehr als nur ein Sommerparadies. Marco Polo informiert Sie über viel Wissenswertes

Autorennen

Seit seinen Anfängen ist der Automobilrennsport an der Côte d'Azur zu Hause. Die Rallye Monte Carlo setzt die Tradition der Herrenfahrer aus dem Blut- und Geldadel Europas fort, die einst die klassische Alpenstrecke dominierten. Auch im Milliardenpoker der Formel 1 ist die Côte d'Azur mit dem Stadtparcours von Monaco gut plaziert. Dazu kommt noch in unmittelbarer Nachbarschaft die Rennstrecke von Le Castellet nahe Toulon.

Baou

Eine ganze Reihe prominenter Aussichtspunkte (u.a. Baou von St-Jeannet unweit von Cagnes-sur-Mer, Baou Mourine an der Route Napoléon) tragen diesen fremdartigen Namen, hinter dem sich nichts anderes verbirgt als die Bedeutung des ursprünglich provenzalischen Wortes für Berg.

Blühende Mimosen sind im Frühjahr an der Côte d'Azur die Vorboten sommerlicher Farbenpracht

Blumenkorso

Schöne Mädchen in phantastisch dekorierten Wagen, die in einem Meer von Blumen versinken: Der traditionelle Blumenkorso, dem man an vielen Orten an der Côte d'Azur begegnet, ist ein Fest für den Frühling und gleichzeitig eine fröhliche Huldigung an einen der großen Devisenbringer der heimischen Wirtschaft, den Export von Schnittblumen.

Caesar

Auf seinem Kriegszug in Gallien gründete Caesar im Jahre 49 v. Chr. einen Etappenort, der nach ihm benannt wurde: Forum Julii, das heutige Fréjus, die älteste Siedlung an der Küste.

Corniches

Wenn von ihnen die Rede ist, denkt man meist an die drei Küstenstraßen zwischen Menton und Nizza. Nicht minder spektakulär sind die *Corniche des Maures* zwischen Hyères und La-Croix-Valmer und die *Corniche d'Or*, die von St-Raphaël am Rande des Esterel-Gebirges nach Cannes führt.

Durandi

Jacques Durandi war zusammen mit der Malerdynastie Bréa (die Brüder Louis und Antoine, der Neffe François) und Jean Canavesio Hauptvertreter der sogenannten Schule von Nizza, die, angesiedelt zwischen Spätgotik und italienischer Frührenaissance, von der Mitte des 15. bis zur Mitte des 16. Jhs. blühte. Vor allem in den Kirchen der Bettelorden der Region haben diese Künstler eine Reihe kostbarer Altarwerke geschaffen.

Engländer

Engländer waren es, die die Côte d'Azur als Erholungsgebiet entdeckten; lange Zeit spielten sie dort die Hauptrolle. Offiziere der britischen Mittelmeerflotte lernten um die Mitte des 18. Jhs. das milde Klima der Gegend schätzen. Hyères war der erste »Fremdenverkehrsort« an der Küste; Nizza folgte bald nach. Cannes verdankt seinen Aufstieg ganz allein einem Engländer, Lord Brougham.

Filmfestspiele

Zwei Wochen im Mai, während der Filmfestspiele, ist Cannes das Mekka der Filmindustrie, prunkvoller Rahmen für die Selbstdarstellung der Traumfabrik und ihrer Stars, gefundenes Fressen für die Regenbogenpresse. Heute sind die Festspiele weniger glanzvoll; auch die Zeiten, als Starlets mit blanken Busen Aufsehen erregten, sind vorbei. Das hektische gesellige Treiben wurde weitgehend abgelöst von nüchternen Geschäftsverhandlungen. Das Festival von Cannes ist nach wie vor eine der weltweit wichtigsten Umschlagbörsen für das Filmgeschäft. Der Glanz vergangener Tage lebt nur noch in der Erinnerung fort.

Garibaldi-Denkmal in Cannes

Garibaldi

Ein Sohn der Côte d'Azur wurde zum italienischen Nationalhelden und zur Symbolfigur der staatlichen Einigung Italiens: Giuseppe Garibaldi, geboren 1807 in Nizza.

Garrigue

Das provenzalische Wort *garriga* bezeichnet die meist dornigen Strauchheiden, die im Mittelmeergebiet auf felsigem Kalkboden gedeihen. Während der Blüte im Frühjahr duften sie betörend. Sie sind im allgemeinen niedriger und weniger dicht als die artverwandte Macchia (französisch *maquis*).

Grenzziehungen

Das Gebiet der östlichen Côte d'Azur, die Gegend um Nizza, war ursprünglich ein Teil von Savoyen-Piemont und gehört erst seit 1860 zu Frankreich. 1947 trat Italien ein kleines Gebiet bei Tende und La Brigue im Nordostzipfel der Region an Frankreich ab.

Klusen

So heißen, nach dem französischen *cluse,* die tief eingeschnittenen, schluchtartigen Quertäler in den Vorbergen von Grasse.

Künstler

Früh schon haben der ewig blaue Himmel, die starken Farben und das klare Licht die Maler an die Mittelmeerküste gezogen. Als erste trafen die Impressionisten ein. Berthe Morisot nimmt 1881 ein Jahr lang in Nizza Aufenthalt. 1892 lässt sich der Pointillist Paul Signac in St-Tropez nieder und zieht andere Maler nach. Etwa zur selben Zeit arbeitet der große Claude Monet in Menton und Antibes. Auguste Renoir verbringt die letzten 20 Jahre seines Lebens an der Küste, zunächst in Le Cannet und dann in Cagnes-sur-Mer. So recht in Mode kommt die Côte d'Azur bei den Malern in der Zwischenkriegszeit. Henri Matisse und Raoul Dufy arbeiten in Nizza, Georges Braque und Pierre Bonnard in Le Cannet, Jean Cocteau in Menton und Villefranche-sur-Mer. Ein weiterer Prominentenschub setzt nach dem Zweiten Weltkrieg ein. Henri Matisse und Pablo Picasso, die überragenden Persönlichkeiten der Kunstszene, verlegen ihr Wirken an die Küste: Matisse nach Vence, Picasso nach Cannes, Antibes, Vallauris und Mougins. Ebenfalls nach Vence zieht Marc Chagall; Fernand Léger siedelt in Biot, der Italiener Alberto Magnelli in Grasse und Vallauris. Wassily Kandinsky hält sich vorübergehend in La Napoule auf, Kees van Dongen in Cannes. Pierre Bonnard stirbt 1947 in Le Cannet, 1955 nimmt sich Nicolas de Staël in Antibes das Leben. Seit den 60er-Jahren ist es um die Region als Künstlerdomizil allerdings etwas stiller geworden – von Max Ernst abgesehen, der seine letzten Lebensjahre bis 1975 in Seillans verbrachte.

Liégeard

Als Literat ist der französische Schriftsteller Stephen Liégeard längst vergessen, und doch wird sein Name immer wieder genannt: Er war es, der 1887 den Namen Côte d'Azur prägte. Damit ist er der geistige Vater aller

Sprachbarrieren

Zweifeln Sie nicht an Ihren Französischkenntnissen, wenn Sie dem Gespräch der Leute auf der Straße nicht folgen können – untereinander reden sie oft in einem lokalen Patois, einer Kombination von Ligurisch (das wiederum recht wenig mit der italienischen Hochsprache zu tun hat), Provenzalisch und natürlich auch Französisch, das alles in einer Mischung, die dem Uneingeweihten auf ewig unverständlich bleibt.

späteren Ferienküsten, von der Costa Brava bis zur Costa de la Luz.

Mimosen
Im Spätwinter wirkt die prallgelbe Pracht ihrer Blütenkugeln wie ein Versprechen auf den kommenden Frühling. Die Mimose, eine Akazienart, wurde 1839 aus Australien in das Mittelmeergebiet eingeführt. Sie wächst als Busch oder Baum und wird als solcher bis zu 12 m hoch. Ausgedehnte, wild wachsende Mimosenwälder findet man vor allem in den Bergen des Tanneron nordwestlich von Cannes. Das Städtchen Bormes-les-Mimosas im Mauren-Massiv verdankt ihnen seinen Namen. Als »Mimosen-Hauptstadt« jedoch gilt Mandelieu nahe dem Flughafen von Cannes.

Napoleon
Der große Korse hat mehrere entscheidende Stationen seines Lebens an der Côte d'Azur erlebt. 1793 verdient sich der 24-Jährige bei der Belagerung von Toulon seine militärischen Sporen. Ein Jahr später ist er – inzwischen bereits General – in Nizza stationiert. Dort wirbt er vergeblich um die Tochter seines Hausherrn und wird nach dem Tod Robespierres kurz unter Arrest gestellt. Von Nizza bricht er 1796 zu seinem italienischen Feldzug auf; 1799 geht er nach seiner Ägypten-Expedition in St-Raphaël an Land. Das Ende seiner Laufbahn ist dramatisch mit der Côte d'Azur verbunden: 1814 schifft er sich in St-Raphaël nach Elba, seinem Exil, ein. Zehn Monate später ist er wieder da und landet 1815 in Golfe-Juan. Auf der heutigen *Route Napoléon* zieht er über die Alpen nach Paris, die Herrschaft der 100 Tage hat begonnen.

Ölbaum
Mit seinen knorrigen Ästen und dem silbergrauen Laub ist der Ölbaum ein so selbstverständlicher Teil der südlichen Landschaft, als sei er immer schon da gewesen. Doch er ist ein Import – die Griechen haben ihn ins Land gebracht. Allerdings ist das schon zweieinhalbtausend Jahre her.

Palmen
Eine andere Pflanze, die gerne mit der Côte d'Azur identifiziert wird, obwohl sie keinen Anspruch hat, zur heimischen Pflanzenwelt zu zählen, ist die Palme. Den Prachtstraßen von Nizza und Cannes verleiht sie eine elegant-exotische Note; bei Hyères sind Palmen – die Dattelpalme, ein Gast aus dem Maghreb, die

Palmen an der Promenade des Anglais in Nizza

Es darf geschnuppert werden: Grasse ist die Hochburg der Parfumherstellung

gedrungene Kanarische Palme und die dornenstielige Zwergpalme – ein Teil des Landschaftsbildes.

Parfum

Seit der Zeit Katharina von Medicis ist die Côte eines der Weltzentren der Herstellung natürlicher Duftstoffe. Die Pflanzen, die diese Düfte liefern – in erster Linie Rosen und Jasmin, ferner Lavendel, Veilchen, Bitterorangen, werden an der ganzen Küste von Hyères bis Menton angepflanzt. Zentrum der Verarbeitung (die Parfumessenz wird durch Destillation gewonnen) ist Grasse.

Prominenz

Seitdem sich 1764 der Herzog von York in Nizza eine Villa bauen ließ, wurde die Küste zum bevorzugten Winteraufenthalt der vornehmen Gesellschaft Englands und später auch des Kontinents. 1807 kam die Schwester Napoleons, die kapriziöse Pauline Borghese, nach Grasse. Im 19. Jh. wurde die Côte d'Azur unter den Fürstlichkeiten Europas populär. Der Bayernkönig Ludwig I. (nach seiner Abdankung 1848) und der russische Zar Alexander II., Queen Victoria und die französische Kaiserwitwe Eugénie ebenso wie der belgische König Leopold II. – sie alle besaßen zwischen Nizza und Cannes Villen und Winterresidenzen.

Nach dem Zweiten Weltkrieg wurde die Côte d'Azur zur großen Spielwiese einer internationalen Schickeria, von Brigitte Bardot und Gunter Sachs (in St-Tropez) bis zu den griechischen Tankerkönigen (in Monte Carlo). Heute ist Monaco der große Magnet: Mit seinen Steuervorteilen lockt das Fürstentum vor allem Sportgrößen wie Autorennfahrer und Tenniscracks an.

Riviera

Laut Lexikon wird unter dieser Bezeichnung (das italienische Wort für Küstenland) der gesamte »schmale Küstensaum des Mittelmeers von La Spezia bis Marseille« (oder Toulon oder

Hyères) verstanden. Es gibt die Italienische und die Französische Riviera, eben die Côte d'Azur. Bezieht man sich auf das goldene Zeitalter dieser Region bis etwa 1930, so wird man eher von Riviera sprechen; erst nach 1950 hat sich der französische Ausdruck im deutschen Sprachraum durchgesetzt. Die Franzosen selbst benutzen gerne die generelle Bezeichnung »Le Midi«, die auch Provence und Languedoc umfaßt.

Sarazenen
Im 8. Jh. setzten sich kriegerische Araber zweihundertfünfzig Jahre lang im später nach ihnen benannten Mauren-Massiv fest. Als Seeräuber suchten sie auf ihren schnellen Schiffen von ihren Standorten in Nordafrika aus bis ins 18. Jh. die südfranzösische Küste heim.

Schriftsteller
Der erste Schriftsteller von Rang, den es an die Küste zog, war Stendhal (um 1825, in Cannes). Eine Generation später kam Alexandre Dumas d. Ä. nach St-Raphaël; 20 Jahre danach fand sich dort auch Guy de Maupassant ein, der zwischen 1884 und 1888 mit seiner Yacht häufig vor der Küste kreuzte. 1870 war Prosper Mérimée in Cannes gestorben. Friedrich Nietzsche verbrachte mehrere Winter in Nizza und am Cap Ferrat; in Èze vollendete er 1883 den »Zarathustra«. Frédéric Mistral, Nobelpreisträger von 1904 und Wiederbeleber der provenzalischen Schriftsprache, war Cannes verbunden. Nach dem Ersten Weltkrieg siedelte sich der deutsche Expressionist Walter Hasenclever in Le Lavandou an. Menton beherbergte in den 20er-Jahren die Neuseeländerin Katherine Mansfield und den Spanier Vicente Blasco Ibáñez. In den 30er-Jahren hielt sich die französische Schriftstellerin Colette in St-Tropez auf. Die Engländer William Somerset Maugham und Graham Greene verbrachten ihre letzten Lebensjahre an der Côte d'Azur – Maugham 1927–1964 in seiner Villa auf Cap Ferrat, Greene lebte bis 1991 bei Nizza.

Tuberkulose
Die Tuberkulose war die Zivilisationskrankheit des 19. Jhs. Als Gegenmittel zur Schwindsucht propagierte man Sonne und frische Luft. Zum Auskurieren fuhr man nach Ägypten oder an die Riviera. Auch Berthe Morisot, der erste Malergast an der Küste, kam, um ihre kränkelnde Tochter zu pflegen. Maupassant lässt den lungenkranken Helden in dem Roman »Bel Ami« seine Tage in einer Villa bei Cannes beschließen.

Umweltschäden
Wie alle Touristenregionen des Mittelmeergebiets leidet auch die Côte d'Azur unter der Verschmutzung des Meerwassers und der Strände. Trotz des Baus neuer Kläranlagen in den letzten Jahren fließen Abwässer an manchen Orten noch direkt ins Meer.

Via Aurelia
Die N-7, neben der Autobahn die wichtigste Straße an der Côte d'Azur, folgt weitgehend der Trasse der altrömischen Via Aurelia, die Rom mit Gallien verband. Von Genua führte sie über

Cemenelum, das heutige Cimiez, das Villenviertel von Nizza, zum Forum Julii (Fréjus) und über Brignoles weiter nach Aquae Sextiae (Aix-en-Provence) und Nemausus (Nîmes). Die 2,5 m breite Straße war gepflastert und in den Städten mit Gehsteigen versehen.

Waldbrände

Neben der Verschmutzung des Meerwassers ist das Feuer die zweite große Umweltbedrohung der Region. Immer wieder kommt es zu verheerenden Waldbränden, die nur äußerst schwer einzudämmen sind und großen finanziellen Schaden anrichten. Weit größer noch ist der ökologische Verlust. Nicht von der Hand zu weisen ist der (bislang nicht eindeutig bewiesene) Verdacht absichtlicher Brandstiftung zur Schaffung von Bauland.

Wintersaison

Bis zum Ende des Ersten Weltkriegs kam das internationale Nobelpublikum vorzugsweise in den Wintermonaten an die Küste. Im Sommer hatten die großen Hotels geschlossen; das änderte sich erst in den 20er-Jahren. In der Zwischenkriegszeit zeichnete sich der Sieg der Sommersaison ab; nach dem Einsetzen des Massentourismus in den 50er-Jahren stand er nie mehr in Frage. Heute ist die Situation gerade umgekehrt: Selbst Luxushäuser wie das Hôtel du Cap in Antibes haben den ganzen Winter über geschlossen.

Yachten

Für den Segelfreund ist die Côte d'Azur ein Paradies: an die 30 Yachthäfen, an die 15 000 Liegeplätze. Besonders beliebt: Antibes/Juan-les-Pins, Hyères, Le Lavandou, St-Tropez, Port-Grimaud oder die Nachbarstädte Fréjus und St-Raphaël.

Zypresse

Mit ihrer schlanken Kegelform ist die Zypresse die Zierde jeder südlichen Landschaft. Im Küstenhinterland schätzt man sie aus profaneren Gründen: In dichten Reihen gepflanzt, gibt sie einen hervorragenden Windschutz ab.

Erst vor 50 Jahren entwickelte sich die Côte d'Azur zum Sommerurlaubsziel

Die Küche ist von provenzalischer Einfachheit

Zu jedem Gericht findet sich der passende Wein aus heimischem Anbau

Die bodenständige Küche an der Côte d'Azur ist die provenzalische, eine der originellsten und schmackhaftesten Regionalküchen Frankreichs.

Wie alle regionalen Küchen ist sie von geradliniger Einfachheit. Sie kommt mit wenigen Grundstoffen aus, die freilich in phantasievoller Vielfalt variiert werden: frisches Gemüse vor allem, dazu Fische und Meeresfrüchte; das Ganze veredelt durch den Reichtum der mediterranen Gewürze – Thymian, Lorbeer, Salbei, Basilikum, Rosmarin, Minze, Safran, Fenchel. Grundpfeiler der provenzalischen Küche aber sind und bleiben der Knoblauch und das Olivenöl. Fleisch kommt relativ wenig auf den Tisch, und wenn, so ist es nach mediterranem Brauch vor allem Lammfleisch. Besonders geschätzt sind die *moutons de Haute-Provence,* die Hochlandschafe, die auf kräuterreichen Weiden aufwachsen und deren Fleisch dadurch ein ganz spezielles Aroma erhält. Die besten Käse der Region sind dementsprechend von Schaf *(brebis)* und Ziege *(chèvre).* Im Osten der Côte d'Azur macht sich der Einfluss der italienischen Küche bemerkbar: Die Pasta-Spezialitäten von Nizza sind erste Wahl.

Die Place Nationale im Zentrum von Antibes ist in den Sommermonaten ein beliebter Treff

Wie überall in Frankreich (und wie überhaupt in vielen südlichen Ländern) fällt das Frühstück *(petit déjeuner)* eher karg aus: Man gibt sich mit einer Schale Milchkaffee und einem Hörnchen aus Blätter- oder Mürbeteig *(croissant),* Weißbrot, Butter und Konfitüre zufrieden.

Das Mittagessen *(déjeuner),* auf das der Franzose nach wie vor großen Wert legt, wird von 12 Uhr bis etwa 14.30 Uhr, das Abendessen *(dîner)* von 19 bis 21 Uhr serviert. Abendessen zu späteren Stunden heißen *souper.*

In französischen Restaurants

Man ist meist gehalten, ein Menü zu bestellen. Dieses besteht in seiner einfachsten Form aus drei Gängen: Vorspeise *(hors d'œuvre)*, Hauptspeise (*viande, poisson:* Fleisch oder Fisch), Nachspeise (*dessert:* Käse, Obst, Süßspeise oder Eis).

Das *menu touristique* ist das, was der Name sagt: ein relativ preiswertes Touristenmenü, das ohne höhere Ansprüche den Magen füllt. Wer bloß ein einzelnes Gericht speisen will, kann (um einiges teurer) *à la carte* bestellen. Preisgünstig ist oft das Tagesgericht *(plat du jour)*.

Für den kleinen Hunger gibt es zunehmend die bekannten Fastfood-Ketten und viele Pizzerien. In den Bars bekommt man meist auch einen Toast (*croque monsieur*), ein *sandwich club* mit Schinken, Käse und Tomaten oder alle möglichen Salatvariationen (z. B. *salade niçoise*).

Zum Essen wird fast immer Wein getrunken, meist *en carafe* (offener Wein). Zum Gedeck gehört der (Gratis-)Korb mit Weißbrot ebenso wie die Karaffe mit Wasser. Vielfach wird allerdings Mineralwasser (Evian, Perrier, Vichy, Vittel) vorgezogen.

Wie in romanischen Ländern allgemein üblich, wird für einen Tisch immer nur eine gemeinsame Rechnung ausgestellt.

Spezialitäten

Aïoli: Diese Mayonnaise (aus Knoblauch, Olivenöl, Eidotter, Salz, Pfeffer) ist ein stets präsenter Bestandteil der provenzalischen Küche.

Bouillabaisse: Die Fischsuppe, zweifellos das bekannteste Produkt der provenzalischen Küche, wird zwar mit Marseille identifiziert, ist aber an der ganzen Küste eine kulinarische Hauptattraktion. Zur originalen Bouillabaisse kann man beliebig viele Mittelmeerfische und Krustentiere nehmen; drei aber dürfen nicht fehlen: Drachenkopf, Knurrhahn, Seeaal. Ebenso wichtig sind die Zutaten: Olivenöl und Gewürze: neben Pfeffer und Salz Knoblauch, Lorbeer, Thymian, Salbei, Fenchel, Tomaten, Orangenschalen und – nicht zu vergessen – Safran. Zum Abschmecken Weißwein oder Cognac. Dazu geröstete Weißbrotscheiben *(croûtons)*. Bisweilen wird die Bouillabaisse auch mit Langusten serviert; diese vermeintliche Verbesserung ist für den Kenner ein unnützer Aufputz.

Über die Güte der Fischsuppe entscheiden allein die Qualität und die Frische der »Basisfische«, des Olivenöls und des Safrans. Zur Bouillabaisse werden in kleinen Schüsseln Rouille und Aïoli gereicht.

Bourride: Diese typische Fischsuppe wird von Feinschmeckern fast noch höher eingestuft als die Bouillabaisse. Zutaten: neben den üblichen Gewürzen die drei Fischsorten *merlan, baudroie* und *loup.* Hier hat auch die Languste ihren Platz. Die Bourride wird, im Unterschied zur Bouillabaisse, mit Aïoli gebunden.

Allerdings ist die französische Mittelmeerküste heute bereits derart leer gefischt, dass man von Glück reden kann, eine wirklich »echte« Fischsuppe aufgetischt zu bekommen. Die Mehrzahl der in den Restaurants angebotenen Fische kommt aus dem Atlantik. Ein Trost: Wer nicht mit Bourride und Bouillabaisse aufgewachsen ist, wird den Unterschied wohl kaum merken.

Brandade de morue: dickschaumiges Gericht aus zerstoßenem Stockfisch. Zutaten: Sahne, Olivenöl, Knoblauch.

Mesclun: Eine bunte Mischung aus verschiedenen frischen Blattsalaten.

Pan bagnat: in Olivenöl herausgebackenes (»gebadetes«) Weiß-

So einladend wie hier in Antibes sind viele Restaurants gestaltet

Als Dessert wird neben Obst oder Eis auch Kuchen gereicht

brot, garniert mit rohen Zwiebeln, Tomaten, Sardellen und schwarzen Oliven.

Petits farcis: gefüllte Gemüse wie Tomaten, Auberginen oder Zucchini.

Pieds-paquets: in Weißwein und mit Tomaten gegarte Lammfüße und -kaldaunen, die mit Pökelfleisch, Zwiebeln und Knoblauch gefüllt sind.

Pissala: eine Sardellenpaste.

Pissaladiera: eine Art Zwiebelkuchen mit Sardellen und Tomaten als Zutaten.

Pistou: Basilikumsauce mit Knoblauch und Olivenöl.

Ratatouille: Gemüseeintopf, heiß oder kalt serviert. Zutaten: Auberginen, Zucchini, Paprika, Tomaten, Zwiebel, Knoblauch, Olivenöl, Kräuter.

Rouille: stark gewürzte, scharfe dicke Sauce, Beigabe zu Fisch und Fischsuppen. Zutaten: Knoblauch, roter Vogelpfeffer, Fischbrühe, Olivenöl, Tomaten.

Salade Niçoise: Dieser Salat, der nicht unbedingt der provenzalischen Küche zuzuordnen ist, stellt zweifellos den prominentesten Beitrag der Region zum internationalen Speisenzettel dar. Zutaten: grüner Salat, dazu Tomaten, grüne Bohnen, Radieschen, schwarze Oliven, Paprikaschoten, hartgekochte Eier, Sardellen (Anchovis) und als wichtigste Zutat Thunfisch.

Socca: ehemaliges Armeleuteessen: am Holzfeuer gebackene Fladen aus Kichererbsenpüree, heute bereits eine gesuchte Spezialität.

Soupe au pistou: Gemüsesuppe (weiße und grüne Bohnen, Tomaten, Zucchini oder Kürbis, Kartoffeln, Fadennudeln) mit Basilikumsauce.

Stocaficada: Stockfisch, mit Gewürzen, Sardellen und schwarzen Oliven geschmort.

Tapenade: eine köstliche Paste aus schwarzen, gehackten Oliven, Knoblauch, Zitronensaft, Anchovis, Kapern und Thunfisch als Beigabe zu kaltem Fleisch und Fisch.

Tourte de bléa: Mangoldkuchen mit Mandeln und Rosinen.

Getränke

Die »einheimischen« Weine der Côte d'Azur kommen vor allem aus der Provence, die für ihre guten Rosé-Weine bekannt ist (Côtes de Provence). Die örtlichen Anbaugebiete liegen in erster Linie im westlichen Teil der Côte d'Azur, hauptsächlich westlich von Fréjus und St-Raphaël, sowie im Massif des Maures. Beliebte lokale Tropfen sind Bellet, Bandol und Coteaux Varois. Durchaus zu empfehlen ist der herzhafte, preiswerte *vin de pays,* der auch offen angeboten wird. AC oder AOC *(Appellation Contrôlée)* verweist auf die staatliche Herkunfts- und Qualitätskontrolle.

Eine typisch französische Spezialität ist der Pastis, ein gelblicher Anislikör, der mit Wasser aufgegossen milchig trüb wird. Hervorragend sind die französischen Mineralwässer (Evian, Perrier, Vittel).

Kleines Speiseglossar

Die wichtigsten Begriffe für das Studium der Speisekarte finden Sie im Sprachführer am Ende des Buches. Die südliche Küche der Côte d'Azur ist jedoch so vielfältig, dass wir Ihnen hier noch einige weitere Spezialitäten nennen.

Fische und Krustentiere
anchois: Sardelle
bar: Wolfsbarsch, Barbe
barbet: Rotbarbe
baudroie: Seeteufel
bécasse de mer: Meeresschnepfe
cigale de la méditerranée: Heuschreckenkrebs, eine Langustenart
congre: Seeaal
crevette: Shrimps
fruits de mer: Meeresfrüchte
grondin: Knurrhahn
langouste: Languste
langoustine: Scampi
merlan: Seehecht, Merlan
murène: Muräne
rascasse: Drachenkopf
St-Pierre: Sankt-Petersfisch
sardine: Sardine
seiche: Tintenfisch

Früchte und Gemüse
amande: Mandel
artichaut: Artischocke
aubergine: Aubergine
bette: Mangold
câpres: Kapern
cèpe: Steinpilz, Herrenpilz
choux frisé: Grünkohl
citron: Zitrone
courgette: Zucchini
datte: Dattel
fève: Saubohne
figue: Feige
girolle: Eierschwamm, Pfifferling
haricot blanc: weiße Bohne
haricot vert: grüne Bohne
noisette: Haselnuss
noix: Walnuss
orange: Apfelsine
petit pois: Erbse
pignon: Pinienkern
pistache: Pistazie

Allgemeines
braise: Kohlenglut
cocotte: Tontopf
concassé: grob zerstoßen
coulis: (durchgeseihter) passierter Saft
crème brûlée: überbackene (»verbrannte«) Crème Caramel
croustade: warme Blätterteigpastete
gratin: Überbackenes
en potée: im Topf
verjus: Saft unreifer Trauben

Ein Einkaufsparadies für Betuchte

Grasse ist seit langem die Hauptstadt der europäischen Parfumherstellung

Für Gäste mit dicker Brieftasche ist die Côte d'Azur ein Einkaufsparadies. In den Boutiquen und Läden sind alle internationalen Nobelmarken vertreten. Wem es also ein Bedürfnis ist, seine Feriengarderobe in St-Tropez zu erstehen, der wird sicher auf seine Rechnung kommen, so gesalzen sie auch sein mag.

Preiswert – wenn auch nicht unbedingt billig – einkaufen kann man hier Parfum (Grasse ist das Weltzentrum der Parfumindustrie) und Kunsthandwerk. In vielen Orten im Hinterland haben sich Kunsthandwerker niedergelassen und die altüberlieferten Fertigkeiten ihrer Kunst wieder zu hohen Ehren gebracht.

Der Schwerpunkt des Kunsthandwerks an der Côte d'Azur liegt bei Keramik und Textilien. Dazu kommen noch Goldschmiedearbeiten, Glaswaren sowie geschnitzte und gedrechselte Arbeiten aus Holz.

Ebenso außergewöhnliche wie teure Souvenirs gibt es zum Beispiel in St-Tropez

Die kunstgewerblichen Zentren sind Vallauris, Biot und Tourrettes-sur-Loup. Von Nizza oder Cannes aus sind diese drei Orte bequem in einem Halbtagesausflug zu erreichen.

In Biot wird eine komplette Produktpalette gängiger Töpferwaren angeboten. In Vallauris bewirkte Pablo Picasso, der 1947 dort eine Werkstatt bezog, den Neuaufschwung des darniederliegenden traditionsreichen Gewerbes. Heute schlägt die Keramikproduktion des Ortes aus dem Namen des weltberühmten Künstlers reiches Kapital. Tourrettes-sur-Loup wieder ist berühmt für seine farbenprächtigen, handgewebten Textilien in origineller Musterung.

Die angestammten Handwerke haben andere nachgezogen. So gibt es in Biot heute neben den Töpfern auch Glasbläser, die nach dem traditionellen, alten Verfahren arbeiten, und Goldschmiede. In Vallauris haben sich Holzhandwerker und Leinenweber etabliert, und auch Tourrettes-sur-Loup wartet mit Töpfer- und Emailwaren sowie mit Holzschnitzereien auf.

Volkskultur neben Avantgarde

An der Côte d'Azur begegnen einander Tradition und Moderne

Der Festkalender an der Côte d'Azur ist dicht bestückt. Zu den traditionellen Festen, die mit großem Aufwand, viel Lärm und südländischer Sinnenfreude begangen werden, tritt eine Reihe von Festveranstaltungen, deren Ruf inzwischen weit über die Grenzen der Region reicht und die Gäste von nah und fern anzieht. Nicht zu vergessen die repräsentativen Sportereignisse wie der Große Preis von Monaco der Formel 1, die richtige Volksfeste geworden sind.

Dass manch alter Brauch weiterlebt, hat er in nicht geringem Maße dem Fremdenverkehr zu verdanken. Das Traditionell-Volkstümliche kommt bei jeder Touristengeneration aufs Neue gut an und wird dementsprechend gepflegt.

Die Feste des Kirchenjahrs spielen eine geringere Rolle als anderswo. So beginnt der Jahresreigen der Festveranstaltungen nicht, wie zu erwarten, mit dem Dreikönigsfest, sondern ganz profan mit einem Sportereignis, der Rallye Monte Carlo Ende Januar. Glanzvoller Höhepunkt des Jahres ist der Karneval von Nizza, ein Fest von überschäumender Lebensfreude, lärmend und ausgelassen, mit Umzügen und Feuerwerken, Maskenbällen und Kostümfesten, Blumen- und Konfettischlachten. In Menton gipfelt der Karneval im Zitronenfest, dessen Umzüge von phantastischen Früchtearrangements nur so strotzen.

Die folkloristische Tradition wird an der Côte d'Azur gepflegt

Die Osterfeierlichkeiten haben ihren Höhepunkt in der beklemmenden Karfreitags-Prozession des »Toten Christus« vor der mittelalterlichen Kulisse von Roquebrune-Cap-Martin. Fröhlicher geht es beim Blumenfest in Vence zu. Eine lokale Spezialität sind die Bravaden, Umzüge geistlichen und weltlichen Charakters mit historischen Bezügen, vor allem die Mai-Bravade von St-Tropez.

Zweiter Höhepunkt des Festkalenders ist das Internationale Filmfestival von Cannes – trotz mancher Kritik immer noch ein Ereignis für Cinéasten. In Monaco zieht das Formel-1-Rennen um den Grand Prix Zigtausende Sportbegeisterte und Sensationshungrige an. Der Sommer ist die Zeit der verschiedenen kulturellen Veranstaltungen, dazu die der traditionellen örtlichen Feste – Kirmessen, Fischerfeste, Seeprozessionen, Kirchweih. Mit dem Ende des Sommers erlahmt schließlich die Festesfreude; Ruhe kehrt wieder ein. Das Weihnachtsfest hat, wie in allen romanischen Ländern, nicht den gleichen Stellenwert wie bei uns. Nur in dem romantischen Bergdorf Lucéram wird das Christfest nach uraltem Brauch begangen: Die Hirten der Umgebung kommen zur Kirche, um Lämmer und Früchte weihen zu lassen.

FEIERTAGE

1. Januar Neujahrstag
Ostermontag
1. Mai *Tag der Arbeit*
8. Mai *Kriegsende 1945*
Christi Himmelfahrt
Pfingstmontag
14. Juli *Nationalfeiertag*
15. August *Mariä Himmelfahrt*
1. November *Allerheiligen*
11. November *Waffenstillstand 1918*
19. November *Staatsfeiertag in Monaco*
25. Dezember *Weihnachten*

KIRCHLICHE FESTE

Januar
Barjols: St.-Marcellus-Fest: Prozession; im Dorf wird ein Ochse am Spieß gebraten.
Castagniers: Fest des hl. Vincent; Messe und Prozession zu Ehren des Schutzheiligen der Olivenbäume
Monaco: Fest der hl. Devota
Saint-Sauveur-sur-Tinée: Messe, Prozession und Fest zu Ehren des hl. Blasius

Ostern
Roquebrune-Cap-Martin: Karfreitagsprozession im mittelalterlichen Dorf

April
Fréjus: Bravade zu Ehren des hl. Franziskus

Mai
St-Tropez: Mai-Bravade zu Ehren des hl. Torpes

August
Roquebrune-Cap-Martin: Traditionelle Passionsprozession seit 1467

Dezember
Lucéram: Hirtenweihnacht

FESTIVALS

Januar
Monaco: Internationales Zirkusfestival

Februar
Monaco: Internationales Fernsehfestival

Ostern
Vence: Festival der provenzalischen Folklore

Mai
Antibes: Internationales Bridgefestival
★ *Cannes:* Internationale Filmfestspiele seit 1946

Juni
Cannes: Internationales Festival des Werbefilms

Juli
Antibes: Internationales Jazzfestival
Cagnes-sur-Mer: Internationales Festival der Malerei (bis Ende September)
★ *Nizza:* Internationales Jazzfestival in den Arenen von Cimiez

August
Menton: Internationales Kammermusikfestival
Vallauris: Töpfer- und Keramikfestival

Oktober
Cannes: Internationales Marionettenfestival
Fayence: Internationales Streichquartettfestival

November
Cannes: Internationales Festival des Tanzes

ANDERE VERANSTALTUNGEN

Januar
Monaco: Rallye Monte Carlo
Cannes: MIDEM, Messe für Unterhaltungsmusik mit Pop- und Rockkonzerten

Februar
Bormes-les-Mimosas: Großer Mimosenkorso
Nizza: Karneval Drei Wochen lang Trubel bei Bällen, Paraden und Blumenschlachten.
Menton: Zitronenfest
Cagnes-sur-Mer: Internationale Blumenschau im *hippodrôme* am Meer

März
Nizza: Kürbisfest im Park von Cimiez
Hyères: Fun-Board-Weltcup

April
Monaco: Tennisturnier Monte Carlo Open

Mai
Grasse: Internationale Rosenschau
Monaco: Formel-1-Autorennen

Juli
Ste-Agnès: Lavendelfest
St-Tropez: Spanier-Bravade; Prozession und »Seeschlacht«

Juli/August
Fréjus: (Unblutige) Stierkämpfe in der römischen Arena
Entrevaux: Mittelalterfest mit Umzügen und Konzerten

Oktober
St-Tropez: La Nioulargue, Regatta der Luxussegelboote

November
Cagnes-sur-Mer: Olivenfest im Renoir-Museum

MARCO POLO TIPPS FÜR FESTE

1 Nice Jazz Festival
Die Weltstars des Jazz im Park von Cimiez hoch über Nizza – Musik vom Feinsten (Seite 31)

2 Filmfestspiele
Kino nonstop – und die Verleihung der Goldenen Palme von Cannes (Seite 30)

Nicht nur ein Steuerparadies

In dem reichen Zwergstaat versteht man sich auf das Savoir-vivre

Das Fürstentum Monaco, mit 1,95 km² (195 ha) nach dem Vatikanstaat der kleinste souveräne Staat der Welt, hat zwei Zentren: das auf einem ins Meer ragenden Felsvorsprung gelegene Monaco-Ville und die auf der anderen Seite des Hafens gelegene mondäne Neustadt Monte Carlo. Dazwischen liegt das Hafen- und Geschäftsviertel La Condamine. Der Westrand des Territoriums schließt mit dem Industrieviertel Fontvieille ab. Das geschlossene Stadtgebiet reicht allerdings bereits weit über die engen Staatsgrenzen hinaus. Beausoleil an den Hängen des Mont des Mules nördlich von Monte Carlo, gänzlich auf französischem Staatsgebiet gelegen, hat heute schon mehr Einwohner als die monegassischen Stadtteile La Condamine oder Monte Carlo. Auch die größeren Sportstätten des Fürstentums, Golfplatz, Country Club und die Strandanlage Monte Carlo Beach liegen außerhalb der Staatsgrenze – bei deren Überschreiten es keinerlei Kontrollen gibt.

Mondän und maritim präsentiert sich die Neustadt von Monte Carlo

MONACO

☛ **Stadtplan in der hinteren Umschlagklappe**

(112/B 5) Da das Gebiet des Fürstentums bis auf den letzten Quadratmeter verbaut ist, geht man als Ausweg einerseits in die Höhe – die Hafenfront mit ihren Hochhausbatterien erinnert an Hongkong –, andererseits hinaus ins Meer. In den letzten Jahren wurde in Fontvieille und an der Ostgrenze dem Meer durch Aufschüttungen Land abgewonnen.

Von den 30 000 Einwohnern sind nur 5 000 monegassische Staatsbürger. Sie sind von Steuern und Militärdienst befreit. Unter den »résidents« sind viele Millionäre, die das Steuerparadies Monaco lockt. Schutzmacht des Fürstentums ist Frankreich, mit dem eine Währungs- und Zollunion besteht. Auch die außenpolitischen Belange werden von der Schutzmacht wahrgenommen; sie schlägt ferner dem Fürsten den Regierungschef vor. Staatssprache ist Französisch,

Umgangssprache das Monegasco, ein ligurisch-provenzalisches Patois.

Die Geschichte des Fürstentums ist bis auf den heutigen Tag mit dem Geschlecht der Grimaldi verbunden. Die Genueser Patrizierfamilie war seit dem 13. Jh. an der Küste ansässig. 1297 wurde in einem Handstreich Monaco erobert, zehn Jahre später durch Kauf erworben. Das Haus Grimaldi ist zwar schon längst erloschen, doch die Erben des Fürstentitels (seit 1920 die Polignac) führten und führen den Namen der Dynastie weiter. Im Lauf der Jahrhunderte gelang es durch geschicktes Lavieren zwischen den großen politischen Blöcken Europas, die Selbstständigkeit des winzigen Staatswesens zu bewahren.

Mit der Errichtung des Spielcasinos begann um die Mitte des 19. Jhs. der Aufstieg zum Tummelplatz der Millionäre. Heute ist der Anteil des Casinos an den Staatseinnahmen auf schmale vier Prozent zurück gegangen; den Löwenanteil der Erträge steuert der Fremdenverkehr bei. Auch als Kongressstadt hat Monte Carlo sich inzwischen einen Namen gemacht. Bauboom überall und ein Formel-1-verdächtiger, fast lebensgefährlicher Autoverkehr.

BESICHTIGUNGEN

Fürstenschloss (Palais du Prince)
Über der malerischen Altstadt mit ihren verwinkelten Gassen und schattigen kleinen Plätzen erhebt sich das Fürstenschloss. Auf dem weiten Vorplatz mit seinen Kanönchen und Kugelpyramiden findet täglich zur Mittagszeit das Spektakel der Wachablösung statt – ein fixer Fototermin für die Touristen. Einige Teile des Baus reichen ins 13. Jh. zurück; die Zinnen sind purer Historismus. Die mächtigen Befestigungsanlagen stammen aus dem 17. Jh. *Pl. du Palais, Besichtigung Juni–Sept. 9.30–18.30, Okt. 10–17 Uhr, Wachablösung tgl. 11.55 Uhr, Eintritt 30 FF*

»Spieltempel« aus der Belle Époque: das Casino von Monte Carlo

Hotel- und Restaurantpreise

Hotels
Die Badeorte an der Côte d'Azur weisen neben Paris die größte Dichte an Luxushotels auf; dementsprechend hoch ist das Preisniveau. Im Hinterland ist das Hotelangebot um einiges bescheidener, und die Preise sind im Schnitt um ein Drittel niedriger.
Kategorie L: 1500–3000 FF und darüber
Kategorie 1: 700–1500 FF
Kategorie 2: 400– 700 FF
Kategorie 3: 200– 400 FF
Die Preise gelten für die Übernachtung im Doppelzimmer ohne Frühstück (das in den niedrigen Kategorien inbegriffen sein kann). Einzelzimmer sind nur um ein geringes billiger.
Auf dem Land haben die Gasthöfe oft Gästezimmer.

Restaurants
Die Restaurants in den kleineren Orten im Hinterland sind meist billiger – und nicht so überlaufen.
Kategorie L: 500 FF und mehr
Kategorie 1: 250 – 600 FF
Kategorie 2: 125 – 300 FF
Kategorie 3: 75 – 200 FF
Die Preise verstehen sich für ein fünfgängiges Menü (Vorspeise, Zwischen- und Hauptgericht, Käse, Dessert) ohne Wein, in den niedrigen Preiskategorien auch für drei Gänge (Vorspeise, Hauptgericht, Käse oder Dessert).

Wichtige Abkürzungen
Bd. Boulevard
Av. Avenue
Pl. Place
L Luxus
FF französische Franc

Grand Casino, Monte Carlo
★ Neben dem Ozeanografischen Museum zweifellos die größte Attraktion der Stadt. Charles Garnier, der Erbauer der Pariser Oper, errichtete 1878 diesen Prunkbau der Belle Époque. Das Casino liegt inmitten prächtiger Gartenanlagen auf einer Anhöhe über dem Meer. *Pl. du Casino, Salons Ordinaires tgl. ab 12, Salons Privés ab 15 Uhr*

Hafen
Der Hafen liegt im Hochhaus-Stadtteil La Condamine. Hier liegen das ganze Jahr über Luxusyachten vor Anker. Die Mietpreise der Wohnungen variieren je nach Lage; aber auch die niedrigsten lassen selbst die Kummer gewohnten Pariser erbleichen.

Tiergarten (Jardin animalier)
Am äußersten Westrand des Stadtfelsens liegt die Terrassenanlage des Zoos mit schöner Aussicht auf das Meer und das Cap d'Ail. *Tgl. 10–12, 14–17 Uhr, Juni–Sept. bis 19 Uhr, Eintritt 20 FF*

Tropengarten (Jardin exotique)
★ In steiler Hanglage oberhalb von Fontvieille beherbergt der Park eine einmalige Ansammlung tropischer und subtropischer Steppen- und Wüstenpflanzen von seltener Pracht. Sehenswert sind vor allem die vielen Kakteenarten. Schö-

ner Fernblick über Stadt und Hafen, das Cap Martin und die italienische Riviera. *Bd. du Jardin exotique, Mai–Sept. 9–19 Uhr, Okt. bis April 9–18 Uhr, Eintritt 39 FF*

MUSEEN

Napoleon-Museum und Palastarchiv

Im Fürstenschloss viele Erinnerungsstücke an und Dokumente über Napoleon, samt einem Überblick über die monegassische Geschichte. *Pl. du Palais, Di bis So 10–12, 14–17.30 Uhr, Juni bis Sept. bis 18.30 Uhr, geschl. Jan., Eintritt 20 FF*

Nationales Puppen- und Automatenmuseum

In einer Belle-Époque-Villa in Monte Carlo ein Kuriosum ersten Ranges. *Av. Princesse Grace, tgl. 10–12, 14.30–18.30 Uhr, Automatenvorführung tgl. 15.30 bis 17.30 Uhr, Eintritt 26 FF*

Ozeanografisches Museum

★ Hoch über dem Meer am äußersten Rand des Stadtfelsens liegt das 1910 von Fürst Albert I., einem Meeresforscher, eingerichtete Institut. Im Aquarium schwimmen weit mehr als 100 verschiedene Arten von Wassertieren. *Av. St-Martin, tgl. 9.30 bis 19 Uhr, Eintritt 60 FF, Kinder 30 FF*

RESTAURANTS

La Cigale

Fischspezialitäten und hausgemachte *dolci* beim Hafen. *Sa, So und Aug. geschl., 18, rue de Millo, Tel. 00377/93 30 16 14, Kategorie 3*

Louis XV

Alain Ducasse leitet hier eine der besten Küchen an der Côte

MARCO POLO TIPPS FÜR MONACO UND UMGEBUNG

1 **Grand Casino**
Die ewige Jagd nach dem Glück (Seite 35)

2 **Monaco, Ozeanografisches Museum**
Wohl das weltweit schönste Aquarium (Seite 36)

3 **Monaco, Jardin exotique**
Die Kakteenwelt der Tropen (Seite 35)

4 **La Turbie**
Das römische Siegesdenkmal, überwältigend nicht nur in seinen Dimensionen (Seite 38, 39)

5 **Grande Corniche**
Vorbild für alle Panoramastraßen (Seite 38)

6 **Èze**
Felsennest mit Aussicht an der Moyenne Corniche (Seite 38)

7 **Menton, Parvis St-Michel**
Der barocke Platz als Bühne (Seite 38)

8 **Village perché de Roquebrune**
Ein Stück Mittelalter (Seite 39)

d'Azur. *Hôtel de Paris, Pl. du Casino, Reservierung!, Tel. 00377/ 92 16 30 01, Kategorie L*

Polpetta
Italienische Küche, für Monte Carlo preiswert. *6, av. Roqueville, Tel. 00377/93 50 67 84, außerhalb der Saison Sa Mittag und Di geschl., Kategorie 2–3*

EINKAUFEN

Für Luxusartikel der Mode und des persönlichen Bedarfs ist die Stadt generell ein guter Boden. Man kauft nicht gerade billig, aber auch nicht überteuert ein. Die wohl interessantesten Geschäfte gibt es in Monte Carlo am *Boulevard des Moulins,* in der *Avenue des Spélugues* oder in der *Avenue des Beaux-Arts.*

HOTELS

Die Hotels befinden sich fast alle in Monte Carlo. Es gibt praktisch keine Billigquartiere.

Hôtel de France
In der Nähe des Bahnhofs gelegen. Das Hotel wurde komplett renoviert und ist für Monaco preiswert. *26 Zi., 6, rue de La Turbie, Tel. 00377/93 30 24 64, Fax 04 92 16 13 34, Kategorie 3*

Loews
Ein Stockwerk unterhalb des Casinos spüren Sie einen Hauch von Atlantic City: Luxushotel, Casino, Spielautomaten und Kabarett, alles unter einem Dach. Park, Schwimmbecken, Aussicht. *635 Zi., av. des Spélugues, Tel. 00377/93 50 65 00, Fax 93 30 01 57, Kategorie L, vier Restaurants, Kategorie L–1*

De Paris
Hotelpalais der Belle Époque gegenüber dem Casino, mit diesem im Prunk wetteifernd. Exzellente Weine und drei Restaurants. Terrasse mit Aussicht. *246 Zi., pl. du Casino, Tel. 00377/92 16 30 00, Fax 93 25 59 17, www.sbm.mc, Kategorie L*

SPIEL UND SPORT

Tonangebend ist der Segelsport. Im Hafen drängen sich die Luxusyachten. Im Osten von Monte Carlo hat man einen Badestrand *(Plage du Larvotto)* und die Landzunge des Sporting Club aufgeschüttet. Der Golf Club von Monte Carlo (18 Loch) liegt »im Ausland«, 11 km im Nordosten am Mont Agel nahe La Turbie. *Tel. 04 93 41 09 11*

AM ABEND

Neben dem Grand Casino gibt es, gleich um die Ecke, das Casino Loews und noch eines im Hotel Monte Carlo Beach. In den zahlreichen *boîtes* (Nachtlokale) und Diskos kann man auf Prominentenjagd gehen. Mit Glück erhascht man einen Blick auf Monacos Prinzessin Stéphanie.

AUSKUNFT

Direction du Tourisme et des Congrès
2 A, bd. des Moulins, Tel. 00377/ 92 16 61 16, Fax 922 16 60 00, www.monaco.mc

ZIELE IN DER UMGEBUNG

Corniches **(112/A–C 4–6)**
Zwischen Menton und Nizza stoßen die Alpen bis ans Meer

vor. Durch die Berge wurden zwei Panoramastraßen geschlagen, die Grande und die Moyenne Corniche; eine dritte, die Corniche Inférieure (auch Petite Corniche), verläuft entlang des Küstensaums.

★ Napoleon I. ließ die *Grande Corniche* entlang der römischen Via Aurelia errichten. Nach wie vor ist die D 2564 die berühmteste Panoramastraße der Welt. Sie verläuft in schwindelnder Höhe 500 m über dem Meer und bietet überwältigende Ausblicke. Die größten Sehenswürdigkeiten an der Strecke sind Alt-Roquebrune gleich hinter der Ausfahrt aus Menton und das römische Siegesdenkmal von ★ La Turbie im Nordosten von Monaco. Die Straße steigt bis zu einer Höhe von 550 m. Bei der Fahrt von Osten nach Westen stechen unter den zahlreichen Aussichtspunkten hervor: *Le Vistaëro* oberhalb von Monte Carlo Beach, die Terrasse von La Turbie, der *Col d'Èze* (512 m) und der benachbarte *Belvédère d'Èze.*

Die *Moyenne Corniche,* N 7, vor dem Bau der Autobahn Hauptverkehrsader der Region, bietet herrliche Ausblicke wie z. B. vom *Mont des Mules* oberhalb von Monaco, vom *Plateau Saint-Michel* oberhalb von Beaulieu oder auch vom *Col de Villefranche.*

Èze (112/A 5)

★ Das Felsendorf (2500 Ew.) in den Voralpen ist zweifellos das berühmteste und meistbesuchte *village perché* der Côte d'Azur. Von Nizza und Monaco ist es sehr bequem zu erreichen. Von hier hat man einen der schönsten Fernblicke der ganzen Küste. Rund um die Ruine auf der Bergspitze liegt der märchenhafte *Jardin exotique (Juni–15. Okt. 8.30–20 Uhr, 16. Okt.–Mai 9–12, 14–17.30 Uhr, Eintritt 12 FF).* Èze ist es das fotogene Musterbeispiel eines befestigten provenzalischen Bergdorfs. Ein Fußweg erinnert an den Philosophen Friedrich Nietzsche; ein steiler Weg führt weiter zum schönen alten Friedhof mit hinreißendem Ausblick.

Im ehemaligen Schloss eines Schwedenprinzen ist ein exklusives Restaurant mit unüberbietbarer Aussicht untergebracht (es gibt auch Zimmer): *Château Èza, 8 Zi., Tel. 04 93 41 12 24, Fax 04 93 41 16 64, Kategorie L.*

Auskunft: Office de Tourisme, pl. Géneral-de-Gaulle, Tel. 04 93 41 26 00, Fax 04 93 41 04 80

Menton (112/C 4–5)

Das freundliche, schon italienisch geprägte Städtchen (30 000 Ew.) ist ein sympathischer Urlaubsort für die kleinere Börse. Aufgrund seiner geschützten Lage, umgeben von Gebirgsterrassen inmitten von Orangen- und Zitronenkulturen, gilt Menton als der wärmste Ferienort der Küste. Die Region war schon in der Steinzeit besiedelt. In der Nähe von Menton an der italienischen Grenze fand man Überreste steinzeitlicher Siedlungen. Seit dem 14. Jh. stand die Stadt unter der Herrschaft der Grimaldi; 1860 trat Monaco Menton an Frankreich ab.

★ Der Kirchplatz der Michaelskirche *(Parvis St-Michel)* in der hübschen Altstadt – hier finden im August die Kammermusik-Festspiele statt – gehört zu den schönsten architektonischen Ensembles der ganzen Küste. Bemerkenswert das grauweiße Kieselstein-Pflaster mit dem Wappen der Grimaldi. Die Kirche St-Michel ist die größte Barockkirche der Region.

Im Rathaus *(Hôtel de ville)* hat Jean Cocteau den Hochzeitssaal *(Salle des mariages)* ausgestattet. In einem kleinen Hafenfort ist ein Jean-Cocteau-Museum untergebracht. *Vieux Port, tgl. außer Di und feiertags 10–12, 14–18 Uhr, Eintritt frei*

Eine Einkaufsadresse für Feinschmecker neben der Markthalle, die jeden Morgen ihre Pforten an der *Place aux Herbes* öffnet, ist das *Maison Herbin* mit seinen hausgemachten Konfitüren und eingemachten Gemüsesorten. Besichtigung der Fabrik: *Mi 10.30 Uhr, 2, rue du Vieux-Collège*

Auf Fischgerichte spezialisiert hat sich das Restaurant *La Calanque, 13, square Victoria, Tel. 04 93 35 83 15, Mo geschl., Kategorie 2–3.* In einer Villa des 19. Jhs. mit Palmengarten betreibt die Familie Caravelli-Stiffa seit drei Generationen das *Hôtel Aiglon, 31 Zi., 7, av. de la Madone, Tel. 04 93 57 55 55, Fax 04 93 35 92 39, www.oda.fr/aa/hotelaiglon, Kategorie 2.*

Auskunft: Office du Tourisme, Palais de l'Europe, 8, av. Boyer, Tel. 04 92 41 76 76, Fax 04 92 41 76 78

Roquebrune/ Cap-Martin (112/C 4–5)

Heute ist die Doppelgemeinde (12 500 Ew.) mit Menton zusammengewachsen; sie umfasst die Halbinsel Cap Martin und reicht bis Monaco. Die Halbinsel Cap Martin im Westen von Menton, einst Ferienort gekrönter Häupter, ist auch heute noch die wohl exklusivste Adresse an der Côte d'Azur – eine vornehme Villengegend, die sich mit Erfolg dem Massentourismus verweigert. Von der Spitze des Kaps führt ein schöner Promenadenweg *(sentier touristique)* nach Monte Carlo Beach.

Entlang der Küste breitet sich der Badeort Roquebrune aus. 300 m höher liegt, von der Grande Corniche auf einer Stichstraße zu erreichen, das uralte Festungsdorf ★ Roquebrune-Village. Im Schutz seines sechstorigen Mauerrings schmiegt es sich um den Wohnturm *(donjon)* der gewaltigen Burg *(Fr, Mitte Nov. bis Dez. geschl., Eintritt 20 FF).*

Auskunft: Office Municipal de Tourisme, 20, av. Paul-Doumer, Tel. 04 93 35 62 87, Fax 04 93 28 57 00

La Turbie (112/B 5)

In 480 m Seehöhe steht das gewaltige 38 m hohe ★ römische Siegesdenkmal, die *Trophée des Alpes,* errichtet 6 v. Chr. nach der Niederwerfung der kriegerischen Alpenstämme. Auf einem mächtigen Steinsockel von 40 m Kantenlänge erhebt sich eine Säulenrotunde; über ihr stand einst eine Statue des Kaisers Augustus. Im Mittelalter wurde das Monument zur Festung umgebaut. Dadurch blieb es in seinen wesentlichen Teilen erhalten und ist heute sorgsam restauriert. Beim Rundgang genießt man phantastische Ausblicke auf Monte Carlo. Das Denkmal hat auch dem benachbarten Ort La Turbie den Namen gegeben. *April–20. Sept. tgl. außer Feiertage 9.30–18 Uhr, 21. Sept.-März tgl. außer Mo 10–17 Uhr, Eintritt 25 FF*

Nizza ist die Metropole der Côte d'Azur

Die interessanteste Stadt an der Küste mit einer Fülle von Attraktionen

Nizza liegt wunderschön in der sanften Rundung der Engelsbucht *(Baie des Anges),* umgeben von der schützenden Kulisse der Voralpen. Von ihrem Kern unterhalb des Burghügels *(Butte du Château)* nahe der Mündung des Wildbachs Paillon hat sich die Stadt über das ganze weite Halbrund der Bucht bis zum Flusstal des Var ausgebreitet. Der Paillon, dessen überbautes Flußbett heute von Parkanlagen und öffentlichen Gebäuden eingenommen wird, trennt die winkelige Altstadt von den weiten Straßenfluchten der Neustadt. Entlang der Küste verläuft die palmenbestandene *Promenade des Anglais,* unerreichtes Vorbild aller späteren Strand-Avenuen. Der Flughafen Nice-Côte d'Azur *(Tel. 04 93 21 30 30)* liegt auf einer Landzunge im äußersten Westen der Bucht – der Anflug bietet wunderschöne Blicke auf die ganze Küste.

Die prachtvolle Promenade des Anglais wurde im 19. Jahrhundert angelegt

NIZZA/NICE

☛ **Stadtplan in der hinteren Umschlagklappe**

(119/D 2–3) Als Hauptstadt (340 000 Ew.) des Département Alpes-Maritimes, Sitz eines Bischofs und einer Universität, ist Nizza die unbestrittene Metropole der gesamten Küstenregion, ihr administratives, wirtschaftliches und kulturelles Zentrum. Dank seiner geschützten Lage und seines milden Klimas ist Nizza eines der ganz großen Fremdenverkehrszentren Europas. Im Sommer zieht es Millionen Sonnenhungrige an, im Winter hat die Saison mit dem legendären Karneval ihren Höhepunkt.

Die Stadt blickt auf eine lange Geschichte zurück. Um 400 v. Chr. gründeten die griechischen Phokäer von Massalia (Marseille) aus die Niederlassung Nikaia (Nizza). Um 150 v. Chr. kamen die Römer und siedelten in Cemenelum (Cimiez), das in den Wirren der Völkerwanderung unterging. Nizza überlebte und teilte das Los der Grafschaft Provence. 1388 schloss sich die Stadt Savoyen an, 1860 kam sie mit Menton durch Volksabstimmung an Frankreich. Seither heißt sie offiziell Nice.

Nizza war ab der Mitte des 19. Jh. das wichtigste Touristenzentrum an der Cote d'Azur. Verbrachten 1890 noch 22 000 Menschen ihren Winterurlaub in Nizza, waren es 1910 schon 150 000. Besonderen Einfluss übte der russische Adel aus. Die Kathedrale *St. Nicolas* mit ihren sechs Kuppeltürmen am Boulevard du Tsarevitch wurde 1912 von Mitgliedern der Zarenfamilie eingeweiht und ist heute noch das größte Bauwerk der russisch-orthodoxen Kirche außerhalb des Heimatlandes. Nikolaus, Sohn des Zaren Alexander II., starb 1866 in Nizza. Baron von Dewies, Gründer der russischen Eisenbahngesellschaft, ließ das *Château de Valrose* bauen, das sich heute im Besitz der Universität befindet.

BESICHTIGUNGEN

Altstadt

Jahrzehntelang vernachlässigt und beinahe zum Armeleuteviertel abgesunken, ist die malerische ★ Altstadt *(Vieille Ville)* mit der Oper heute ein beliebtes Viertel. In den weitgehend verkehrsberuhigten engen Gassen mit den schönen Häusern aus dem 17. und 18. Jh. herrscht jenes heftig gestikulierende südliche Treiben, das den Besucher aus dem Norden so entzückt. Das eindrucksvollste Bauwerk ist das

MARCO POLO TIPPS FÜR NIZZA UND UMGEBUNG

1. **Promenade des Anglais**
   Auf Nizzas Prachtboulevard am Meer der Glanz der Belle Époque (Seite 43)
2. **Fischmarkt in Nizza**
   Buntes südländisches Treiben und ein überreiches Angebot (Seite 43)
3. **Altstadt von Nizza**
   Ein Stück Italien mitten in Frankreich (Seite 42)
4. **Chagall-Museum**
   Die weltweit größte Sammlung der Werke des Meisters (Seite 43)
5. **Cap Ferrat**
   Luxusvillen und Blütenpracht im Buen Retiro von Monarchen und Millionären (Seite 48)
6. **Marina Baie des Anges**
   Bei Cagnes-sur-Mer eine Ferienkolonie für die Zukunft (Seite 48)
7. **Musée Fernand Léger**
   Im Töpferdorf Biot das Legat der Witwe des Künstlers (Seite 47)
8. **Mont Chauve**
   Weiter Blick über Land und Meer (Seite 49)

Palais Lascaris (1643–1650) im Stil eines Genueser Palazzo, mit einer monumentalen Treppe. Zentrum der regen Geschäftstätigkeit an der Place St-François ist der ★ *Fischmarkt.* Am Nordende der Altstadt liegt die von Arkaden umrahmte Place Garibaldi aus dem späten 18. Jh. mit dem Denkmal des in Nizza geborenen Freiheitshelden. Der Cours Saleya in Ufernähe war einst der Korso der vornehmen Gesellschaft; heute findet hier der *Blumenmarkt* statt.

Butte du Château
Steile Treppen, aber auch ein Lift führen auf den einstigen Burgberg (die Festung wurde 1706 gesprengt) im Osten der Altstadt. Das knapp 100 m hohe Plateau ist heute eine Erholungslandschaft mit weiten Grünflächen und einem großartigen Fernblick von der Aussichtswarte *(Belvédère).* Auf halbem Weg ist in einem alten Festungsturm, der Tour Bellanda, ein Schifffahrtsmuseum *(Musée Naval)* untergebracht. *Mi bis Mo 10–12 und 14–19 Uhr, Okt.–Mai bis 17 Uhr*

Cimiez
Der hügelige, vornehme Villenvorort hat seinen Namen von der Römersiedlung Cemenelum, von der einige Reste *(Ruines Romaines)* erhalten sind, darunter eine Arena für 4000 Zuschauer, in der heute im Sommer Veranstaltungen wie das Jazz-Festival stattfinden. Die Pfarrkirche *(Eglise Notre-Dame-de-l'Assomption)* besitzt drei kostbare und sehenswerte Altaraufsätze aus der Malerschule von Nizza (Louis und Antoine Bréa).

Parc Phoenix
Ein botanischer Garten, ein computergesteuertes »Naturoscope«, ein Disneyland der Pflanzenwelt ohne allen Kitsch. Das Ganze ist unbedingt sehenswert. Ein Rundgang dauert ungefähr 3–4 Std. *Promenade des Anglais, nahe dem Flughafen, tgl. 9.30–19, im Winter bis 17 Uhr, Eintritt 40 FF*

Promenade des Anglais
★ Für unsere Urgroßväter war sie der Inbegriff luxuriöser Urlaubsfreuden: die Prachtstraße am Meeresstrand, gesäumt von glanzvollen Hotelpalästen der Belle Époque, Korso der Berühmtheiten, Treffpunkt der großen Welt. Die große Welt trifft sich inzwischen woanders, die Hotelpaläste, soweit es sie noch gibt, sind alt geworden, und wo man früher unter Palmen flanierte, wälzt sich heute, Stoßstange an Stoßstange, eine nicht enden wollende Autoschlange. Die Palmen sind noch da und auch der ewig blaue Himmel, und eigentlich ist alles zwar nostalgisch verklärt, aber immer noch wunderschön.

MUSEEN

Chagall-Museum
★ Für diese größte Sammlung von Werken Marc Chagalls (1887–1985), eine Stiftung des Malers, wurde 1972 in Cimiez ein eigenes Museumsgebäude errichtet. Kernstück ist die 17 Gemälde umfassende »Biblische Botschaft«, dazu Gouachen, Radierungen, Skizzen, Skulpturen und ein großes Mosaik. *Juli–Sept. tgl. außer Di 10–18, Okt.–Juni tgl. außer Di 10–17 Uhr, Eintritt 30 FF, av. du Docteur Ménard*

Kunstmuseum – Musée des Beaux-Arts Jules Chéret
Die Sammlung in dem 1876 erbauten Fürstenpalais konzentriert sich vor allem auf die französische Malerei des 18. und 19. Jhs. Schwerpunkte: Jules Chéret, Hubert Robert, Fragonar, aber auch Impressionisten wie Degas oder Sisley. *Tgl. außer Mo 10–12, 14–18 Uhr, Eintritt 25 FF, av. des Baumettes*

Masséna-Museum
Der Urenkel des napoleonischen Marschalls vermachte 1919 der Stadt das in einem Park gelegene Gründerzeit-Palais samt seinen Sammlungen: Heimatkunde, Stadtgeschichte; Meister der Schule von Nizza. Bestechend auch die prachtvollen Empire - Repräsentationsräume. *Tgl. außer Mo 10–12, 14–18 Uhr, Eintritt 25 FF, rue de France/35, promenade des Anglais*

Matisse-Museum
In einer Villa in italienischem Stil aus dem 17. Jh. nahe den Ruinen von Cimiez erhalten Sie einen repräsentativen Überblick über das Werk des Malers Henri Matisse (1869–1954), der in Nizza begraben liegt: 30 Ölgemälde, dazu Zeichnungen, Skizzen, Entwürfe, Illustrationen. *April–Sept. tgl. außer Di 10–18, Okt.–März 10–17 Uhr, Eintritt 25 FF, 164, av. des Arènes*

Museum für moderne und zeitgenössische Kunst
Das 1990 eingeweihte Bauwerk der Architekten Yves Bayard und Henri Vidal am Tor zur Altstadt ist mit seinen vier Marmortürmen der ideale Ausstellungsraum für die französische und

Nizza: mediterranes Flair, wie es im Buche steht

amerikanische Avantgarde seit den 60er-Jahren. Glanzstück ist der Saal mit Arbeiten des in Nizza geborenen Künstlers Yves Klein (1928–1962), darunter befinden sich einige seiner berühmten »blauen Bilder«. Im dritten Stock kann man die Pop-art mit Werken von Warhol, Rauschenberg und Wesselmann sehen. Und oben auf der Dachterrasse mit Blick auf Nizza die »Feuermauer« von Yves Klein. *Tgl. außer Di 11–18, Fr bis 22 Uhr, Eintritt 25 FF, promenade des Arts*

Museum Naiver Malerei
In einem Schloss, das der Gründer des Casinos von Monte Carlo vor den Toren der Stadt bauen ließ, sind 600 Werke naiver Maler untergebracht, eine Schenkung des Kunstkritikers Anatole Jakovsky. *Tgl. außer Di 10–12, 14–18 Uhr, Eintritt 25 FF, Château Ste-Hélène, av. Val-Marie*

RESTAURANTS

La Barque Bleue
Bei Einheimischen beliebt, bietet dieses italienische Restaurant besondere Spezialitäten aus Kalabrien und Sizilien an. Direkt am Hafen gelegen. *Tgl. geöffnet, 7, quais des Deux Emmanuel, Tel. 04 93 55 39 74, Kategorie 3*

Café de Turin
Die Institution in Nizza für frische Meeresfrüchte. Austern schlürfen kann man hier zu jeder Tageszeit. *Tgl. geöffnet, 5, pl. Garibaldi, Tel. 04 93 62 29 52, Kategorie 3*

La Merenda
Winziges Restaurant mit 24 Plätzen, das ein Geheimtip bleiben möchte. Kein Telefon, also persönlich reservieren. Lokale Spezialitäten, alles frisch vom Markt: z. B. Ratatouille. *Sa, So geschl., 4, rue de la Terrasse, Kategorie 2*

La Petite Maison
Lokal mit regionaler und klassischer Küche in gepflegtem Ambiente. *So geschl., 3, rue de l'Opéra, Tel. 04 93 92 59 59, Kategorie 2*

EINKAUFEN

Für Mode ist die *Rue Paradis* die erste Adresse. Eine Institution für den Erwerb von Olivenöl ist *Nicolas Alziari, 14, rue St-François de Paule.* Das Spezialitätengeschäft für eingelegte Früchte, *Maison Auer, 7, rue St-Françaís de Paule,* bietet auch Schokolade und Pralinen an.

Stöbern kann man auf dem kleinen Antiquitätenmarkt, *Les Puces de Nice,* am Hafen in der *rue de la Douane.*

Bunt und verlockend ist der Blumen- und Obstmarkt am *Cours Saleya (tgl. nachm.);* jeden Mo findet dort ein Trödel- und Antiquitätenmarkt statt.

Der legendäre *Fischmarkt (Mo–Sa vorm.)* auf der Place St-François und der Place Rossetti, ist der größte an der Côte d'Azur. Alle drei Märkte befinden sich in der Altstadt.

HOTELS

Nizza verfügt über 10 000 Zimmer in etwa 200 Hotels aller Kategorien, darunter überraschend preiswerte Angebote, vor allem in Bahnhofsnähe.

Brice
In einer alten Villa mit Palmengarten. *58 Zi., 44, rue du Maréchal Joffre, Tel. 04 93 88 14 44, Fax 04 93 87 38 54, www.webstore.fr/hotel-brice, Kategorie 2*

Negresco
Seit 1912 das Hotel von Nizza schlechthin. Glanz der Belle Époque, edles altes Mobiliar. *155 Zi., 37, promenade des Anglais, Tel. 04 93 16 64 00, Fax 04 93 88 35 68, Kategorie L*

Portier vor dem Hotel Negresco

La Pérouse
Am Ende der Bucht unterhalb des Château. Ruhig gelegen mit einem schönen Blick. *63 Zi., 11, quai Rauba-Capeu, Tel. 04 93 62 34 63, Fax 04 93 62 59 41, www.hroy.com/la-perouse, Kategorie 1, Rest. (März bis Sept.) Kategorie 1*

Petit Louvre
Recht einfaches, aber charmantes Haus. *35 Zi., 10, rue Emma-Tirenty, Tel. 04 93 80 15 54, Fax 04 93 62 45 08, Nov., Dez., Jan. geschl., Kategorie 3*

Windsor
Mitten in der Stadt, aber mit Garten. Bisher sind 16 der 62 Zimmer komplett von Künstlern wie Lawrence Weiner, Ben und Raymond Hains dekoriert. *11, rue Dalpazzo, Tel. 04 93 88 59 35, Fax 04 93 88 94 57, E-Mail: windsor@webstore.fr, Kategorie 2*

SPIEL UND SPORT

Das Sportangebot ist praktisch unbegrenzt. An erster Stelle steht naturgemäß der Wassersport: Segeln, Surfen, Wasserski, Tauchen (Füllstation); Unterricht in all diesen Disziplinen.

AM ABEND

Nizza bietet Abendunterhaltung für jeden Geschmack: Jede Menge von Kinos, Tanzschuppen und Nachtclubs, dazu drei Casinos. Die Jugend trifft sich abends in der Altstadt rund um den Cours Saleya.

Chez Wayne
Funk, Rock und Jazz, Pub-Atmosphäre, relativ teuer. *15, rue de La Préfecture*

Le Bar des Oiseaux
In der Altstadt gelegene kleine Bar, in der Vögel frei herumfliegen. *5, rue St-Vincent, tgl. außer So bis 2.30 Uhr*

Iguane Café
Musik und Tanz am Hafen täglich von 22–4 Uhr. *5, quai Deux-Emmanuels*

AUSKUNFT

Office de Tourisme
In der Nähe vom Flughafen mit umfangreichem Informationsmaterial auch in deutscher Sprache *(Nice Ferber, promenade des Anglais, Tel. 04 93 83 32 64, Fax 04 93 72 08 27)* und am Bahnhof *(av. Thiers, Tel. 04 93 87 07 07, Fax 04 93 16 85 16)* oder über *www.nice-coteazur.org*

ZIELE IN DER UMGEBUNG

Beaulieu-sur-Mer (119/D-E 2-3)
Am Fuß der Halbinsel liegt im Innern des Golfs von St-Hospice der traditionsreiche Badeort (4000 Ew.). Mit seiner dekorativen Palmenpromenade und einem kleinen Zuckerguss-Casino strahlt Beaulieu den leicht verwitterten, nostalgischen Glanz eines mondänen Seebads vergangener Tage aus. Anschluss an das Heute sucht der moderne Yachthafen mit 800 Liegeplätzen. An der Spitze der kleinen Landzunge, die die reizvolle Ameisenbucht *(Baie des Fourmis)* umschließt, liegt die *Villa Kérylos*, Anfang des 20. Jhs. erbaut von dem Archäologen Théodore Reinach – der Spleen eines reichen Mannes. Die Nachbildung eines vornehmen Hauses im klassischen Griechenland ist mit edlem Mobiliar ein-

gerichtet. *15. Feb.–10. Nov. tgl. 10.30–12.30, 14–18 Uhr, 14. Dez. bis 14. Feb. Mo–Fr 14–17.30, Sa, So 10.30–12.30, 14–17.30 Uhr, av. Gustave Eiffel, Eintritt 40 FF*

Auskunft: Office de Tourisme, pl. Clémenceau, Tel. 04 93 01 02 21, Fax 04 93 01 44 04

Biot **(118/B 4)**

Das alte Töpferdorf (5 500 Ew.) auf halbem Weg zwischen Nizza und Cannes mit seinem malerischen Ortskern *(Place des Arcades)* ist eines der Zentren des wiedererweckten Kunstgewerbes an der Côte d'Azur. Neben der traditionellen Keramikproduktion haben hier auch die Goldschmiedekunst und vor allem die Glasbläserei eine Heimstatt gefunden. Außerdem liegen rund um Biot riesige Rosen- und Nelkenfelder.

Kunstfreunde pilgern ins ★ *Musée National Fernand Léger.* Der moderne Bau liegt in einem Park etwas außerhalb des Ortes. Er beherbergt 348 Werke Fernand Légers (1881–1955), ein Legat der Witwe des Malers an den französischen Staat. Die ganze Breitseite der Fassade wird von einem monumentalen Mosaik eingenommen, das ursprünglich einmal für das Fußballstadion in Hannover geplant war. *Mi–Mo 10–12 und 14–17 Uhr, Sommer bis 18 Uhr, Eintritt 30 FF*

Erlesen speisen kann man im Restaurant *Les Terraillers,* das in einer alten Töpferei aus dem 16. Jh. untergebracht ist *(Tel. 04 93 65 01 59, Kategorie 1).* In einem ☥ Laubenhaus aus dem 15. Jh. bietet das *Hotel-Café des Arcades (Tel. 04 93 65 01 04)* neben provenzalischer Küche *(Kategorie 2)* auch wunderschöne Zimmer *(Kategorie 3).*

Auskunft: Office de Tourisme, pl. de la Chapelle, Tel. 04 93 65 05 85, Fax 04 93 65 70 96

Die gigantische Feriensiedlung Marina Baie des Anges in Cagnes-Ville

Cagnes-sur-Mer **(118/B–C 3–4)**
In einer fruchtbaren Hügellandschaft voller Obst- und Blumenkulturen am Rand des Flusstals des Var gelegen, breitet sich der lebendige (41 000 Ew.) Ort immer weiter entlang der Küste aus. Die winzige, ummauerte Altstadt *(Haut-de-Cagnes)* liegt 1,5 km landeinwärts auf einem Hügel zu Füßen des zinnengekrönten Grimaldi-Schlosses. Herrlicher Renaissance-Innenhof, im *Château-Musée* eindrucksvolle Schauräume mit diversen Exponaten und einem Ölbaum-Museum sowie einem Museum moderner Kunst des Mittelmeerraums *(Mi–Mo 10–12, 14–17 Uhr, geschl. 15. Okt.–15. Nov., Eintritt 10 FF).*

In einem Villenvorort liegt *Les Domaines des Collette,* das Wohnhaus des großen Impressionisten Auguste Renoir (1841–1919), heute als Gedenkstätte fast unverändert erhalten *(tgl. 10–12, 14–18 Uhr, Eintritt 20 FF).*

Cagnes-Ville ist ein betriebsames Handelszentrum, eine laute, bunte und junge Stadt. An der Küste dehnt sich der Badeort *Cros-de-Cagnes* aus. Völlig mit Cagnes zusammengewachsen ist *Villeneuve-Loubet* mit dem einzigartig am Meer gelegenen *Hippodrome* (Pferderennbahn).

Am Strand wurde die Feriensiedlung ★ *Marina Baie des Anges* errichtet, vier gigantische Hochhäuser in Pyramidenform mit elegant geschwungener Fassade. Sie setzen einen unübersehbaren (und sehr umstrittenen) Akzent in die Landschaft.

In der Altstadt von Villeneuve gibt es das kuriose Kochkunstmuseum *(Musée de l'Art culinaire)* im Geburtshaus des Vaters der modernen Kochkunst, Auguste Escoffier (1847 bis 1935). *Di–So 14–18 Uhr, Nov. geschl., Eintritt 10 FF*

Ein lohnender Ausflug führt auf der D 18 nach St-Jeannet, von dort zu Fuß auf den *Baou St-Jeannet* (440 m), mit großartiger Aussicht landeinwärts.

Auskunft: Office de Tourisme, 6, bd. Maréchal-Juin, Tel. 04 93 20 61 64, Fax 04 93 20 52 63

Cap Ferrat **(119/D–E 3)**
★ Die lang gestreckte Halbinsel ragt 3,5 km weit ins Meer hinaus und bildet den Abschluss der Engelsbucht gegen Osten. Ihre große landschaftliche Schönheit und die Abgeschiedenheit, die ihr buchten- und klippenreicher Verlauf bietet, hat sie von Anfang an zu jenem Refugium der Reichen gemacht, das sie heute noch ist. Neben dem Cap Martin bei Menton ist das Cap Ferrat nach wie vor die exklusivste Adresse an der Küste.

Das Cap ist ein einziges großes Villenviertel, sehr ruhig, sehr vornehm, sehr zurückgenommen. Üppige Gartenanlagen mit hohen Bäumen umgeben gepflegte Privatgrundstücke und hochherrschaftliche Ansitze. Knapp vor dem Ersten Weltkrieg ließ Madame Ephrussi, eine geborene Rothschild, zur Aufnahme ihrer Kunstsammlung eine prunkvolle Villa errichten, die sie samt Inhalt und dem 7 ha großen französischen Park der Pariser Akademie der Schönen Künste vermachte. So wurde aus der verschwenderisch ausgestatteten Villa »Ile de France« das heutige *Musée Ephrussi de Rothschild,* mit Gemälden und Plastiken aus fünf Jahrhunderten so-

Rothschild-Museum in Cap Ferrat

wie kostbaren Möbeln und Einrichtungsgegenständen. Schöner Park. *15. Feb.–1. Nov. tgl. 10–18, 2. Nov.–14. Feb. tgl. 14–18 Uhr, Eintritt 40 FF*

St-Jean-Cap-Ferrat (2200 Ew.) liegt an der Ostseite der Halbinsel. Das einstige Fischerdorf ist heute in erster Linie die administrative Anlaufstelle für die feine Villensiedlung, in der nach wie vor viel Prominenz ganz abgeschieden hinter weißen Mauern lebt. Im Ortszentrum von St-Jean mit Blick auf den kleinen Hafen kann man im Restaurant *Le Provençal (2, av. Sémeria, Tel. 04 93 76 03 97, Kategorie 1–2, Feb. geschl.)* hohe Kochkunst genießen.

In vorgeschobener Lage am Steilabfall des Kaps liegt eines der klassischen Luxushotels der Côte d'Azur: das 1908 erbaute, elegant modernisierte *Grand Hôtel du Cap Ferrat (62 Zi., bd. du Général-de-Gaulle, Tel. 04 93 76 50 50, Fax 04 93 76 04 52, Kategorie L)* in einem weiten Parkgelände mit herrlicher Fernsicht.

Auskunft: Office de Tourisme, 59, av. Séméria, Tel. 04 93 76 08 90

Mont Alban **(119/D 3)**

Zu den vielen Aussichtspunkten in der Nähe von Nizza gehört diese 222 m hohe Erhebung auf der Landzunge vor Villefranche-sur-Mer.

Mont Chauve **(118/119/C–D 2)**

★ Etwas weiter entfernt von Nizza liegt der zweifellos eindrucksvollste Aussichtspunkt in der unmittelbaren Umgebung der Stadt, eine, wie der Name sagt, kahle Bergkuppe von beachtlichen 854 m Höhe mit einem ehemaligen Fort. Die letzte Strecke zum Gipfel muss man zu Fuß zurücklegen. Doch die Mühe lohnt sich auf jeden Fall: Nach einem nur halbstündigen Weg genießt man einen grandiosen Blick von den Schneegipfeln der Alpen weit übers Meer. Bei klarer Sicht kann man sogar bis nach Korsika blicken.

Villefranche-sur-Mer **(119/D–E 3)**

Im Westen der Halbinsel liegt an einer von bewaldeten Hügeln umgebenen Bucht Villefranche-sur-Mer (11 500 Ew.). Die Altstadt hat ihr ursprüngliches Gepräge bewahrt. In der alten Zitadelle der Herzöge von Savoyen sind zwei Museen untergebracht, die zum einen Werke eines hiesigen Künstlers, zum anderen Werke von u.a. Miró und Picasso zeigen. Die Peterskapelle *(Chapelle St-Pierre)* nahe dem Hafen wurde 1957 von Jean Cocteau ausgemalt. *Di–So 10 bis 12, 16–20.30 (Sommer), 9.30–12, 14–17 Uhr (Winter), Eintritt 12 FF*

Auskunft: Office de Tourisme, square F.-Binon, Tel. 04 93 01 73 68

5021

Einmal im Jahr Zentrum des Films

Der Küstensaum von Cannes bis Fréjus ist die Wiege des Fremdenverkehrs

Keine 35 km von Nizza entfernt ist Cannes, eine Stadt von rund 70 000 Ew. (mit Einzugsgebiet sind es etwa 135 000 Menschen), der zweite Angelpunkt des Lebens an der Côte d'Azur. Die Stadt wirkt vor allem durch ihre Lage am Golfe de la Napoule, dem sie ihre betörende Schauseite zuwendet. Gebettet in eine überreiche subtropische Vegetation, ist Cannes heute auch ein modernes Kongresszentrum mit Erinnerungen an die Belle Époque, mit eleganten Geschäften, Hotelpalästen, Spielcasinos und Yachtclubs – eine heiter-mondäne Stadt. Von hier bis Menton erstreckt sich die »Französische Riviera« im engeren Sinn.

CANNES

☛ **Stadtplan in der hinteren Umschlagklappe**

(**118/A 5–6**) Der Aufstieg eines kleinen Fischerdorfs zu einem mondänen Badeort verläuft in der Regel in einer mehr oder weniger ruhigen, stetigen Entwicklung. Im Falle von Cannes kann man diesen Aufstieg allerdings auf den Tag genau festsetzen: Als 1834 der englische Staatsmann Lord Henry Brougham (nach dem der im viktorianischen England sehr beliebte zweirädrige Einspänner benannt ist) mit seiner Tochter zur Erholung nach Nizza reiste, war die Grenze (Nizza gehörte damals noch zu Savoyen) wegen einer Cholera-Epidemie gesperrt, so dass die beiden nicht einreisen konnten. Der Lord beschloss, im nächsten Ort – eben Cannes – das Ende der Quarantäne abzuwarten. Dabei verliebte er sich in den kleinen Ort; er ließ Nizza Nizza sein, baute sich bald darauf in Cannes ein Haus und verbrachte dort den Winter. Sein Beispiel machte unter der englischen Aristokratie Schule, und der Ruf von Cannes als Winterkurort war gemacht. Eine Statue am Hafen erinnert noch heute an den Lord.

Die Burg von La Napoule – ein Stück Mittelalter an der Côte d'Azur

MARCO POLO TIPPS FÜR CANNES UND UMGEBUNG

1 **Croisette**
Die Antwort von Cannes auf Nizzas Promenade des Anglais (Seite 52)

2 **Hôtel du Cap**
Refugium der Reichen und Superreichen (Seite 60)

3 **Vallauris**
Hier hat Picasso lange gelebt (Seite 59)

4 **Esterel-Massiv**
Prachtvolle Rundfahrten im Vorgebirge (Seite 56)

5 **Lerinische Inseln**
Im alten Staatsgefängnis das Rätsel um den Mann mit der eisernen Maske (Seite 56)

6 **Musée Picasso**
In Antibes – Gemälde, Skulpturen und Keramiken der Galionsfigur der modernen Kunst (Seite 60)

7 **Mougins**
Essen wie Gott in Frankreich (Seite 58)

Vor diesem denkwürdigen Ereignis war die Geschichte an Cannes sozusagen vorbeigegangen, obwohl der Ort durchaus eine Vergangenheit hat – an den Hängen des Stadtberges Mont-Chevalier stand ein römisches Kastell, aus dem sich die Siedlung Le Suquet entwickelte, die Altstadt von Cannes. Der Name Cannes selbst leitet sich von dem in der Gegend häufigen Schilfrohr – *canne* – ab.

Im Zuge des Aufstiegs des Ortes zum mondänen Badeort entstanden vor dem Ersten Weltkrieg die beeindruckende Uferpromenade der Croisette und die vornehmen Villen der Belle Époque, die der Stadt lange ihr Gepräge gaben, heute freilich mehr und mehr Neubauten weichen müssen.

Im Mai treffen sich hier Stars, Sternchen, Journalisten und Filmemacher beim glamourösen internationalen Filmfestival.

BESICHTIGUNGEN

Altstadt Le Suquet

Ein hübscher Spaziergang führt über die *rue Félix Fauve* mit dem *Blumenmarkt,* vorbei an den *Allées de la Liberté,* wo alte Männer Pétanque spielen, durch schmale Gassen hinauf zum *Mont-Chevalier,* auf dessen Gipfel die *Tour du Mont-Chevalier* (oder *Tour du Suquet*) steht, ein viereckiger Wachtturm aus dem 12. Jh. *(Schlüssel im Kastell-Museum).* Die Kirche *Notre-Dame-de l'Espérance* ist ein Kuriosum: Es handelt sich hier um eines jener späten Werke der provenzalischen Gotik, die bis ins 17. Jh. weiterlebte. Nach Baubeginn im 16. Jh. wurde sie erst 1648 fertiggestellt.

Boulevard de la Croisette

★ Mit ihren Palmen und Grünflächen wetteifert die breite Prachtstraße am Meeresufer mit der Promenade des Anglais in Nizza. Mindestens ein Plus hat sie gegenüber ihrer Konkurrentin zu verzeichnen: den besseren – aber stets übervollen – Badestrand. Zwar ist auch hier von Sandstrand nicht immer Rede, aber solange es schick ist, nimmt man auch den harten Uferkies in Kauf. Am Beginn des Boulevards steht auf einer aufgeschütteten Landzunge, die den Hafen begrenzt, das mächtige neue Festspielhaus *(Palais des Festivals et des Congrès)*, das technisch sicherlich jede Perfektion bietet; besonders schön ist es freilich nicht.

Hafen

In dem belebten Hafen – auf der einen Seite wird er vom Festspielhaus, auf der anderen von der malerischen Häuserfront der Altstadt begrenzt – liegen Fischerboote neben eleganten Segelyachten. Von hier aus läuft der Linienschiffsverkehr zu den Lerinischen Inseln.

Pointe de la Croisette

Der Boulevard de la Croisette führt in weitem Bogen vom Hafen bis zur Pointe de la Croisette, einer weit ins Meer vorragenden Landzunge mit einem kleinen Kreuz *(croisette)* an der Spitze, daher der Name. Hier gibt es einen künstlichen Sandstrand (Palm Beach) und insgesamt drei Yachthäfen.

MUSEUM

Kastell-Museum (Musée de la Castre)

In den noch erhaltenen Teilen der Burg der Äbte von Lérins, die einst hier das Hoheitsrecht ausübten, ist eine respektable völkerkundliche Sammlung mit Exponaten aus fünf Kontinenten untergebracht, darunter auch griechisch-römische Funde. *Mi bis Mo 10–12, 15–17, Sommer 18 Uhr, Jan. geschl., Le Suquet, Eintritt 10 FF*

RESTAURANTS

In der Rue Félix Faure sowie in der Rue Rouguière und am Quai St-Pierre beim Hafen liegt ein Restaurant neben dem anderen.

Aux bons enfants

Kleines, angenehmes Restaurant mit regionaler Küche und leckeren Fischspezialitäten. *80, rue Meynadier, kein Telefon, So geschl., Kategorie 3*

La Mère Besson

Eine kulinarische Institution. Provenzalische Küche. Rustikal, aber nicht billig. *13, rue des Frères Pradignac, Tel. 04 93 39 59 24, So geschl., Kategorie 2*

La Palme d'Or

Luxusrestaurant im Art-déco-Rahmen. *Hôtel Martinez, 73, bd. de la Croisette, Tel. 04 92 98 74 14, Mo, Di geschl., Kategorie L*

Planet Hollywood

Restaurant und Bar im amerikanischen Stil, üppig dekoriert mit Requisiten aus Hollywood, gegenüber dem Festivalbunker, mit eigener Boutique. *1, alleés de la Liberté, Tel. 04 93 06 78 27, tgl. 11–1 Uhr, Kategorie 3*

EINKAUFEN

Die Hauptgeschäftsstraßen von Cannes sind die Rue Meynadier, die von der Altstadt Le Su-

Bei Alt und Jung gleichermaßen beliebt: der Strand von Cannes

quet in Richtung Bahnhof verläuft, und die Rue d'Antibes, ein Stück stadteinwärts von der Croisette, ungefähr parallel zu dieser. In der Fußgängerzone der Rue Meynadier dominieren exquisite Lebensmittelgeschäfte, wie die Käsehandlung *Céneri & Fils.* In der Rue d'Antibes findet man die eleganten Modegeschäfte. Im übrigen gilt das für Monaco und Nizza Gesagte. In den mit Platanen bestandenen Allées de la Liberté am Alten Hafen findet täglich in der Frühe ein Blumenmarkt statt. Besonders schön ist die alte Markthalle, *Marché Forville,* ein Dorado für jene, die sich gern den Gaumenfreuden hingeben.

HOTELS

Es gibt in der Festspielstadt rund 110 Hotels mit ca. 5000 Zimmern aller Kategorien. Wegen der starken Lärmbelästigung (die N 7 führt der Länge nach durch die Stadt) haben viele Zimmer schallisolierte Fenster.

Carlton Inter-Continental

Grand-Hotel der alten Schule, aber auf neu getrimmt. Zur Festivalzeit Hauptquartier der Filmleute. Privatstrand. *337 Zi., 58, bd. de la Croisette, Tel. 04 93 06 40 06, Fax 04 93 06 40 25, E-Mail: Cannes@ interconti.com, Kategorie L; Restaurants La Brasserie* und *La Côte tgl. geöffnet, Kategorie L*

Le Chanteclair

Eines der zahlreichen Billighotels von Cannes, einfach, zentral, aber doch ruhig gelegen. *15 Zi., 12, rue Forville, Tel. 04 93 39 68 88, Nov. geschl., Kategorie 3*

Majestic

Das alte Luxushotel an der Croisette ist komplett renoviert worden. Für neuen Glanz sorgt auch das Restaurant *La Villa des Lys,* dessen Küchenchef Bruno Oger 1999 von den französischen Gastronomiekritikern gefeiert wurde. *262 Zi., 14, bd. de la Croisette, Tel. 04 92 98 77 00, Fax 04 93 38 97 90, www.lucienbarriere.com, Kategorie L*

De Paris
Hotel aus der Zeit um 1900. Park mit Schwimmbecken. Nahe der Schnellstraße, aber schallisoliert. *50 Zi., 34, bd. d'Alsace, Tel. 04 93 38 30 89, Fax 04 93 39 04 61, Kategorie 1–2*

SPORT UND SPIEL

Wassersport in allen Varianten – Segeln, Surfen, Wasserski, Tauchen. In allen Sparten wird Unterricht erteilt. Der relativ breite Strand vor der Croisette ist im Sommer stets überbelegt. Einen Sandstrand bietet Palm Beach an der Pointe de la Croisette. Zu Füßen der Altstadt hinter dem Hafen beginnt ein langer Kiesstrand *(Plage du Midi, Plage de la Bocca),* der sich bis La Napoule hinzieht. Tennisplätze gibt es in Hülle und Fülle.

Auf den Golfer warten in der näheren Umgebung sechs Plätze: Cannes-Mandelieu, 6,5 km nach Westen, 18 + 9 Loch, *Tel. 04 93 49 55 39;* Country Club de Cannes, Mougins, 9 km nach Norden, 18 Loch, *Tel. 04 93 75 79 13;* Val-Martin, 12 km nach Norden, 9 Loch, *Tel. 04 93 42 07 98;* Opio-Valbonne, 15 km nach Norden, 18 Loch, *Tel. 04 93 42 00 08;* Bastide du Roy, Biot, 18 km nach Osten, 18 Loch, *Tel. 04 93 65 08 48.*

Auf dem Flughafen Cannes-Mandelieu kann man den Pilotenschein für Motorflugzeuge erwerben. *Tel. 04 93 88 62 89*

AM ABEND

In Cannes gibt es drei Spielcasinos, das Casino Municipal im Festspielhaus, *Tel. 04 93 38 12 11 (1. Nov.–31. Mai),* das Casino des Fleurs, *5, rue des Belges, Tel. 04 93 66 00 33,* und das nur im Sommer (Juni–15. Okt.) geöffnete Casino Palm Beach auf der *Pointe de la Croisette, Tel. 04 94 43 91 12, tgl. ab 16 Uhr.* Aber Casinos sind beileibe nicht die einzige Möglichkeit, sich in Cannes die Zeit zu vertreiben. Es gibt Diskos und Nightclubs aller Kategorien. Die Palette reicht vom *Jimmy's de Régine, Casino Croisette (Palais des Festivals, außer Mo und Di tgl. 23–6 Uhr)* bis zum Livemusikschuppen *Actor's Bar (84, bd. de la Croisette),* der täglich bis zum Sonnenaufgang geöffnet ist.

AUSKUNFT

Direction Générale du Tourisme et des Congrès
Palais des Festivals, Espl. Prés.-G.-Pompidou, Tel. 04 93 39 24 53, Fax 04 92 99 84 23, im Winter tgl. außer So 9–18.30, im Sommer tgl. 9–20 Uhr

Offizielle Internetseite der Stadt Cannes in englischer und französischer Sprache: *www.cannes-online.com*

ZIELE IN DER UMGEBUNG

Agay **(123/E1)**
Der familienfreundliche Badeort in einer tiefen Bucht an der *Corniche d'Or* wird zum Opfer seines Erfolges. Die Hügel unterhalb des 288 m hohen *Rastel d'Agay* sind fast schon zugebaut. *Auskunft: Office du Tourisme, pl. Gianetti, Tel. 04 94 82 01 85, Fax 04 94 82 74 20*

Le Cannet-Rocheville **(118/A 5)**
Unmittelbar an Cannes anschließend und optisch ein Ortsteil der Stadt, ist Le Cannet (37 000

Ew.) nichtsdestoweniger eine selbstständige Gemeinde, die, höher und zwischen grünen Hügeln gelegen, als Luftkurort beliebt ist. Die Altstadt liegt terrassenförmig an der 110 m hohen Hügelkuppe. *Auskunft: Office de Tourisme, av. Campon, Tel. 04 93 45 34 27, Fax 04 93 45 28 06*

Cap du Dramont (123/E 1–2)
Die Felsnase bildet den Abschluss der Corniche d'Or. Unbedingt zu empfehlen ist der Abstecher auf dem Küstenwanderpfad, dem *sentier littoral* (2 Std. zu Fuß hin und zurück), zum *Leuchtturm von Le Dramont*. Der Weg vom kreisrund geschnittenen Strand *Camp Long* führt zum Strand von Dramont, der schon zu den Wassersportzentren von St-Raphaël zählt. Dort erinnert ein Denkmal an die Landung der amerikanischen Truppen am 15. August 1944.

Esterel-Gebirge (Fôret Dominiale de l'Esterel) (117/D–E 6)
★ Das Mittelgebirge zwischen La Napoule und St-Raphaël ist zusammen mit dem weiter südlich gelegenen Mauren-Massiv, von dem es durch das Tal des Argens getrennt ist, der Rest einer alten Urgebirgsscholle. Im Gegensatz zum Mauren-Massiv besteht es aus vulkanischem Gestein – Porphyr, der in allen Farben von Gelb und Grün über Blaugrau und Violett leuchtet. Am eindrucksvollsten aber sind die roten Felsen, die legendären *rochers rouges*. Das Gebirge ist relativ niedrig und stark von Erosion geprägt, mit tiefen Einschnitten, steilen Abstürzen und zerklüfteten Felsformationen. Der ursprünglich reiche Waldbestand – Kiefern, Pinien, Korkeichen – ist besonders in den letzten Jahren durch Waldbrände dezimiert worden. Aufforstungen waren nur bedingt erfolgreich. Anstelle des Waldes breitet sich heute vielfach Buschwerk aus.

Das äußerst spärlich besiedelte Gebiet stellt in seiner Abgeschiedenheit einen wirkungsvollen Kontrast zum Trubel an der Küste dar. Verkehrsmäßig ist es dennoch gut erschlossen. Aufgrund seiner starken Gliederung bietet das Gebirge sowohl an der Küste wie im Landesinneren eine Fülle grandioser Aussichtspunkte. Sie sind das Ziel hübscher Ausflugsfahrten, meist verbunden mit einem kleinen Fußmarsch. Am lohnendsten sind *Pic du Cap Roux* (452 m) und *Pic de l'Ours* (496 m).

Im Nordosten schließt sich an das Esterel-Gebirge das kleine Tanneron-Massiv (412 m) an, das vor allem wegen seiner herrlichen Mimosenwälder bekannt ist. Mandelieu (zu dessen Gemeinde auch La Napoule gehört) gilt als die »Hauptstadt der Mimosen«. In nächster Nähe liegt der Flughafen von Cannes.

Lerinische Inseln (118/A–B 6)
★ Die kleinen Felseninseln in der Bucht von Cannes im Süden der Stadt, dem Cap d'Antibes schräg gegenüber, sind ein beliebtes Ausflugsziel. Regelmäßiger Bootsverkehr von Cannes *(Tel. 04 93 39 11 82, im Winter 4-mal tgl., im Sommer alle halbe Stunde, Preis 70 FF)*.

Die *Insel Ste-Marguerite*, die größte der Lerinischen Inseln (Länge 3 km, Breite 900 m), ist dicht bewaldet, vor allem mit Kiefern und Eukalyptus, und befindet sich in Staatsbesitz. Ein botanischer Lehrpfad *(circuit botanique et naturaliste)* führt durch die reiche Vegetation.

Die Insel war schon in der Römerzeit besiedelt. Richelieu ließ das Fort erbauen, das später als Staatsgefängnis diente. Sein berühmtester Insasse war der »Mann mit der eisernen Maske«, dessen Geheimnis nie gelüftet wurde und der 1703 in der Pariser Bastille starb. Seine Gefängniszelle ist das Ziel vieler Neugieriger und Sensationshascher. Immerhin handelte es sich – im Unterschied zu einem anderen berühmten Gefangenen, dem Grafen von Monte Christo im Château d'If bei Marseille – um eine historische Figur. Viel später war hier der Marschall Bazaine eingekerkert, der in einem Sensationsprozess wegen Feigheit vor dem Feind (er hatte 1870 im deutsch-französischen Krieg die Festung Metz übergeben) zu lebenslänglichem Kerker verurteilt worden war. Doch es gelang ihm zu fliehen.

Auch auf *St-Honorat* bewegen Sie sich auf historischem Boden: Hier gründete der hl. Honoratius 410 das erste abendländische Kloster. 660 wurde die Benediktinerregel eingeführt. Das Kloster war immer wieder Ziel von Seeräubern. Während der Französischen Revolution wurde es aufgelöst und 1869 von Zisterziensern neu gegründet.

Obwohl die ganze Insel im Besitz des Ordens ist, steht sie zur Besichtigung offen. Neben hübschen Spaziergängen durch die bewaldete Insel empfiehlt sich das alte befestigte Kloster aus dem 11. Jh. zur Besichtigung. Interessant auch die uralte Dreifaltigkeitskapelle *(Chapelle de la Trinité)* an der Ostspitze der Insel. Sie zeigt byzantinischen Einfluss.

Zur Inselgruppe gehören ferner die beiden unbewohnten Felseneilande de la Tradelière und St-Féreol.

Mougins **(118/A 5)**
Mougins (13 000 Ew.), im blühenden Hinterland von Cannes

Rotblaues Farbenspiel in Anthéor beim Cap du Dramont

auf einer exponierten Hügelkuppe gelegen, hat mit seinen alten Häusern, den Resten der Befestigungsanlage und dem Sarazenentor aus dem 15. Jh. einen eigenen Charme. Dazu tragen auch die Ateliers und Läden der Kunsthandwerker bei, die sich in dem hübschen Ort niedergelassen haben. Sie geben dem Leben und Treiben eine heitere, fröhliche Note. Mit seinen vielen ★ Restaurants ist Mougins auch ein beliebtes Ziel der Feinschmecker.

Pablo Picasso hat von 1961 bis zu seinem Tod 1973 in dem Landhaus *Notre-Dame-de-Vie (nicht zu besichtigen)* gewohnt. Erinnerungen an ihn birgt das *Fotografie-Museum (Mi–So 13 bis 19 Uhr, Juli–Aug. tgl. 14–22 Uhr, Eintritt 5 FF)* hinter der Kirche.

In 5 km Entfernung liegt an der Autobahn ein interessantes Oldtimer-Museum *(Musée de l'Automobiliste, tgl. 10–18 Uhr, Eintritt 40 FF)*.

Auskunft: Syndicat d'Initiative, av. J.-Ch.-Mallet, Tel. 04 98 69 27 80, Fax 04 93 46 01 36

La Napoule (117/F 5)

Der erste Ort an der 1903 angelegten Uferstraße von Cannes nach St-Raphaël, die auch Corniche d'Or, also Goldene Corniche genannt wird. La Napoule-Plage, ein Ortsteil der Mimosenhauptstadt Mandelieu, die gut 4 km landeinwärts liegt, ist ein hübscher, aufstrebender Badeort, der über einen 7 km langen aus Sand und Kies aufgeschütteten Strand verfügt. Wer in La Napoule Urlaub macht, kann, wenn er will, den Trubel in Cannes mitmachen, muss aber nicht.

Wahrzeichen des Ortes ist die malerische, zinnenbewehrte Burg, die auf einem Felsrücken ins Meer ragt – ein Stück Mittelalter aus dem 20. Jh., Spielzeug eines etwas spleenigen Amerikaners. Mit zwei Yachthäfen und 2000 Liegeplätzen ist La Napoule eines der Segelzentren an der Küste.

Auskunft: Office du Tourisme, av. Henry-Clews, Tel. 04 93 49 95 31 und 340, rue Jean-Monnet, Mandelieu, Tel. 04 92 97 86 46, Fax 04 92 97 67 79

Port-la-Galère (117/F 5–6)

Eine Feriensiedlung mit einem kleinen Yachthafen. Die Wohnanlage mit ihren wabenartig verschachtelten Häusern nimmt Anleihen bei traditionellen lokalen Bauformen und passt sich einigermaßen geschickt der Landschaft an.

Théoule-sur-Mer (117/F 5)

Am Ausgang der Bucht von Cannes stoßen die roten Felsen des Esterel-Gebirges schon direkt bis zum Wasser vor. Die Badeplätze sind also Klippen und Buchten von oft atemberaubender Schönheit. Die Burg am Strand von Théoule mit ihren Türmchen und Zinnen war ursprünglich eine Seifensiederei.

Auskunft: Office du Tourisme, 1, bd. de la Corniche d'Or, Tel. 04 93 49 28 28, Fax 04 93 49 00 04; 37, av. Miramar (nur Sommer), Tel. 04 93 75 48 48

Le Trayas (117/E–F 6)

Einer der winzigen Badeorte im Küstenabschnitt zwischen den roten Felsen und dem türkisfarbenen Meer. Idyllisch an einer Calanque liegt das Hotel *Le Relais des Calanques.* Schwimmbad, Privatstrand, Wassersportangebot und schattige Plätzchen im originell dekorierten Gelände machen das Haus vor allem in der Nebensaison zu einem preiswerten Geheimtipp. *14 Zi., Corniche d'Or, Le Trayas, Saint-Raphaël, Tel: 04 94 44 14 06, Fax 04 94 44 10 93, Restaurant Okt.–April geschl., Kategorie 2–3*

Vallauris **(118/A 5)**
★ Vallauris, das heute Teil des Urbankomplexes von Cannes ist, war in der Vergangenheit für seine Töpferkunst berühmt. 1947 kam Pablo Picasso in den Ort und interessierte sich für Keramikarbeiten. Dieser Umstand genügte, um das danieder liegende Gewerbe zu aktivieren und eine fast vergessene Kunstfertigkeit neu zu beleben. Heute ist der Name Vallauris weit über die Côte d'Azur hinaus als Synonym für gehobene Töpferarbeit bekannt. Auf dem Marktplatz steht eine Bronzeplastik von Pablo Picasso, eine Huldigung an den Mann, der Vallauris seine alte Bedeutung zurückgegeben hat. Das »Château«, die ehemalige Propstei des Klosters St-Honorat (Lérins), ist einer der wenigen Renaissancebauten der Gegend. Die romanische Kapelle beherbergt Picassos Monumentalgemälde »Krieg und Frieden« (1952). *Mi–Mo 10–12, 14–18, Sommer 9–18 Uhr, Eintritt 17 FF*

Zum Gemeindegebiet gehört auch Golfe-Juan. *Auskunft: Office de Tourisme, square du-8-Mai-1945, Tel. 04 93 63 82 58*

ANTIBES

(118/B 5) Knappe 10 km hinter Cannes im westlichsten Winkel der Engelsbucht *(Baie des Anges)* gelegen, die in weitem Bogen über Nizza bis zur Halbinsel Cap Ferrat schwingt, ist Antibes, am Fuß der gleichnamigen Halbinsel, eine der touristischen Hauptattraktionen der Côte d'Azur, dazu ein landwirtschaftliches Zentrum und Sitz einer agrarwissenschaftlichen Hochschule. Mit seinen Nachbarorten bildet Antibes heute ein zusammenhängendes Wohngebiet von 80 000 Einwohnern.

Antibes geht auf das im 4. Jh. v. Chr. gegründete Antipolis zurück, eine Pflanzstadt der Phokäer von Massalia. Seit 1386 im Besitz der Grimaldi, fiel es im 16. Jh. an Frankreich und wurde in der Folge zur Grenzfeste gegen Savoyen ausgebaut. Im 19. und 20. Jh. wurde Antibes zu einem Lieblingsaufenthalt von Künstlern und Schriftstellern.

BESICHTIGUNG

Altstadt
Von den gewaltigen Fortifikationen, die der legendäre Festungsbaumeister Vauban gegen Ende des 17. Jhs. aufbauen ließ, sind die Uferbefestigung *(remparts)* über der Felsenküste sowie das mächtige Fort Carré im Norden der Altstadt erhalten. Die Mauern ziehen sich eindrucksvoll am Hafen entlang, auch ein Spaziergang durch das Gewirr der mittelalterlichen Gassen empfiehlt sich. In der Rue de la Pompe entdeckt man ein großes, steinernes Waschbecken *(lavoir)* aus dem 18. Jh., das heute noch benutzt wird.

Auf dem am höchsten gelegenen Punkt der Halbinsel Cap d'Antibes, dem *Plateau de la Garoupe,* genießt man einen herrlichen Blick über die Engelsbucht hinüber nach Nizza und, bei klarer Sicht, weiter bis hinein zu den Gipfeln der Alpen. Gleich daneben der Leuchtturm *(phare)*, einer der stärksten an der nördlichen Mittelmeerküste. Unterhalb des Plateaus breitet sich die tropische Pracht des *Jardin Thuret* auf 4 ha aus. Dieser älteste unter den exotischen Gärten der Riviera wurde bereits 1856 angelegt. *Mo–Fr 8–17.30 Uhr*

MUSEUM

Musée Picasso

★ In dem zinnengekrönten *Château Grimaldi* hoch über dem Meer befindet sich eines der bemerkenswertesten Museen an der Küste. 1946 hatte der Meister hier in der Burg eine Saison lang ein Atelier bezogen und die damals entstandenen Werke später dem Museum vermacht. Ausgestellt sind an die 200 Werke Pablo Picassos, Gemälde, Lithographien, Zeichnungen und Keramiken sowie die berühmte Skulptur der »Ziege«; ferner Arbeiten von Calder, Léger und Modigliani bis zu Max Ernst und Hans Hartung. Ein großer Saal ist allein für Nicolas de Staël reserviert. *Pl. du Château, tgl. außer Mo 10–12, 15–19 Uhr (Sommer), 10–12, 14–18 Uhr (Winter), im Nov. geschl., Eintritt 30 FF*

RESTAURANTS

Pavillon Eden-Roc

Das Gourmetrestaurant im Hôtel du Cap liegt auf einer Felsnase mit traumhaftem Blick über das Meer. Nur im Sommer geöffnet. *Tel. 04 93 61 39 01, Kategorie L*

Le Safranier

Provenzalische Spezialitäten wie die *petits farcis* oder Fischgerichte in schöner Atmosphäre im Altstadtteil Le Safranier. *Mo geschl., 1, pl. du Safranier, Tel. 04 93 34 80 50, Kategorie 3*

HOTEL

L'Auberge Provençale

Mitten in der Stadt an einem hübschen Platz. Im hauseigenen Restaurant *(Mo geschl.)* werden Fischspezialitäten serviert. *6 Zi., 61, pl. Nationale, Tel. 04 93 34 13 24, Fax 04 93 34 89 88, Kategorie 2–3*

Hôtel du Cap

★ Nach wie vor eine der besten Adressen an der Côte d'Azur im weitläufigen Villenbezirk mit prachtvollen Privathäusern, die sich hinter dicken Mauern in schattigen Gärten verstecken. Hier sind die Millionäre unter sich. Das Hotel liegt an der Spitze der Halbinsel inmitten eines riesigen Parks. Es hat nur im Sommer geöffnet. *123 Zi., bd. Kennedy, Tel. 04 93 61 39 01, Fax 04 93 67 76 04, www.edenroc-hotel.fr, Kategorie L*

AM ABEND

Legend Café

Gute Stimmung und junge Leute im Dekor eines umgedrehten Schiffsrumpfes. *Pl. Audibert, tgl. bis 2.30 Uhr*

La Siesta

In der riesigen Diskothek mit sieben Tanzflächen, zum Teil im Freien, ist wohl für ein paar Tausend Leute Platz. Nur im Sommer geöffnet. *Route du bord de mer, Richtung Nizza*

Antibes: Blick auf die Altstadt

AUSKUNFT

Maison de Tourisme
11, pl. General-de-Gaulle, Tel. 04 92 90 53 00, Fax 04 92 90 53 01

ZIELE IN DER UMGEBUNG

Golfe-Juan (118/B 5)
Dieser vielbesuchte Badeort, der verwaltungsmäßig zu dem 2 km landeinwärts liegenden Vallauris gehört, gibt sich um einiges bescheidener als die vornehme Nachbarschaft von Juan-les-Pins. Die Qualität des Sandstrands ist allerdings die gleiche. Und es ist historischer Boden: Hier landete Napoleon im März 1815 bei seiner Rückkehr von Elba.

Auskunft: Office de Tourisme, av. de la Liberté, Tel. 04 93 63 73 12

Juan-les-Pins (118/B 5)
Am Westrand der Halbinsel schließt *Juan-les-Pins* nahtlos an Antibes an. Das heute so mondäne Seebad am Ausgang des Golfe Juan entstand aus einer Eisenbahnhaltestelle, die 1881 beim Bau der Küstenbahn in eine Pinienwaldung in Küstennähe eingerichtet wurde. Um den Bahnhof entwickelte sich eine Siedlung. Hier der Pinienwald, dort der Golfe Juan – Juan-les-Pins war geboren. Der Aufstieg zum Seebad kam dann in den 20er-Jahren. Von Anfang an hat Juan-les-Pins ähnlich wie Antibes ein zahlungskräftiges Publikum angesprochen und es verstanden, das hohe Niveau zu halten. Mit seinen Luxushotels und schicken Boutiquen, dem schönen, 3 km langen Sandstrand, dem Kongresszentrum, einem Casino und dem Yachthafen Port-Gallice präsentiert sich Juan-les-Pins heute nach wie vor in gepflegter Eleganz.

In der *Pinède,* dem Stadtwäldchen, finden im Sommer Freilichtaufführungen im Rahmen des ✪ Internationalen Jazz-Festivals statt, das der Saxophonist Sidney Bechet in den 50er-Jahren begründete, und auf dem fast alle Größen der internationalen Jazz-Szene gastierten.

Vom Hafen fahren Ausflugsschiffe zu den Lerinischen Inseln. *Auskunft: Maison du Tourisme, 57, bd. Ch.-Guillaumont, Tel. 04 92 90 53 05*

Marineland (118/B4)
Zwischen La Brague (4 km in Richtung Nizza) und Biot liegt der inzwischen größte Meereszoo Südeuropas, der pro Jahr über eine Million Besucher anzieht. Hauptattraktion sind die Delphinvorführungen und Haifischbecken. Weiterhin befinden sich vier Vergnügungsparks wie Minifarm und Aqua-Splash mit Restaurants und Boutiquen auf dem Gelände. *306, av. Mozart, RN 7, tgl. 10–18, im Sommer teils bis 24 Uhr, Eintritt 116 FF, Kinder bis 12 Jahre 78 FF*

MARCO

Zwischen Fréjus und Hyères

Im Westen der Côte d'Azur treibt der Tourismus neue Blüten

Nach Osten zu endet die Côte d'Azur an der Staatsgrenze zu Italien; nach Westen hin gibt es keine verbindliche Begrenzung. Gute Gründe sprechen dafür, die Grenze bei Hyères anzusetzen.

Das letzte Küstenstück der Region verläuft also zwischen Fréjus und Hyères. Es schwingt in sanftem Halbkreis nach Süden aus; das *Massif des Maures* drängt hier bis unmittelbar an den mit Vorgebirgen (Halbinsel von St-Tropez mit Cap Camarat und Cap Lardier; Cap Bénat) und Buchten (Golf von St-Tropez, Buchten von Cavalaire und Bormes) reich gegliederten Uferverlauf vor.

An der Küste liegt eine Kette von Bade- und Ferienorten, von denen die meisten ihren Aufschwung erst in den letzten Jahrzehnten genommen haben. Alte Fischerdörfer verwandelten sich in Rummelplätze für den Massentourismus. Da blieb von den gewachsenen Ortskernen nicht viel übrig: Sie ersticken in den Betonsilos, Allerweltsboutiquen, Schnellrestaurants und Bettenburgen, die um sie herum wuchern. Dass es auch anders geht, beweisen St-Tropez und Port-Grimaud.

Port-Grimaud ist als moderne Lagunenstadt in den sechziger Jahren erbaut worden

FRÉJUS/ST-RAPHAËL

(122–123/C–D 1–2) In dem Flusstal des Argens zwischen dem Massif des Maures im Westen und dem Esterel-Gebirge im Osten gelegen, bildet die alte Römerstadt Fréjus heute mit dem benachbarten St-Raphaël einen geschlossenen Urbankomplex, der an Größe bereits an Cannes heranreicht. Während St-Raphaël sich nach dem Zweiten Weltkrieg zum bedeutendsten Badeort zwischen Cannes und St-Tropez entwickelt hat, ist Fréjus nach wie vor das Zentrum der Agrarproduktion in der fruchtbaren Talniederung.

Die Siedlung geht zurück auf das römische Forum Iulii. In seiner Blütezeit als bedeutender Kriegs- und Handelshafen hatte der Ort an die 40 000 Einwohner. Reste der Römerstadt mit dem Amphitheater sind erhalten. Die mittelalterliche Stadt konnte auch als Bischofssitz (seit 1370) nie an die Bedeutung der Vorgängerin anschließen. Der Hafen versandete; gegen Ende des 18. Jhs. wurde er zugeschüttet; die alte Hafenfläche ist noch immer unverbaut. Heute liegt das Stadtzentrum fast 2 km vom Meer entfernt.

1951 wurde der Bischofssitz nach Toulon verlegt. 1959 kam es in der unmittelbaren Nachbarschaft zur Staudammkatastrophe von Malpasset, die 400 Menschenleben forderte und in Fréjus gewaltige Verheerungen anrichtete.

Auch St-Raphaël hat, als ehemaliger Villenvorort von Forum Iulii, römische Wurzeln. Erst spät trat der Ort in die Geschichte ein: Napoleon landete hier 1799 auf der Rückkehr von seiner Ägypten-Expedition. 1814 dann bestieg er hier das Boot nach Elba. Um die Mitte des 19. Jhs. wurde St-Raphaël als Ferienort entdeckt. Charles Gounod komponierte hier 1866 »Romeo und Julia«.

BESICHTIGUNGEN

Amphitheater

Die Reste der alten Römerstadt sind über das ganze Stadtgebiet verstreut, ein Hinweis auf die einstige Ausdehnung der Siedlung. Auch von dem Aquädukt, das die Stadt aus einer Entfernung von 40 km mit frischem Wasser versorgte, sind noch einige Bögen erhalten. Im Hafen werden interessante Ausgrabungen gemacht. Besonders sehenswert ist das ★ Amphitheater. Mit einem Fassungsraum von 10 000 Personen, 114 m lang und 82 m breit, kommt es den berühmten Arenen von Nîmes und Arles nahe. ☺ Im Sommer finden hier (unblutige) Stierkämpfe statt. *Tgl. außer Di 9.30–12, 14–18.30 Uhr, im Winter tgl. außer Di 14–16.15 Uhr, rue Henri Vadon*

Domviertel (Cité épiscopale)

★ Das befestigte Domviertel von Fréjus im Zentrum der mittelalterlichen Stadt ist das bedeutendste Bauensemble an der Côte d'Azur. Es umfasst die Kathedrale, die Taufkirche, den Kreuzgang und den Bischofspalast. Die zweischiffige *Kathedrale* aus dem 12./13. Jh. ist ein schönes Beispiel der provenzalischen Frühgotik. Gutes Chorgestühl (1441), am nördlichen Chorpfeiler schönes Altarbild der heiligen Margarethe von Jacques Durandi, vom Ende des 15. Jhs., einem Meister der Schule von Nizza.

Großartig die kleine, intime Taufkirche *(baptistère)*, einer der ältesten Kirchenbauten Frankreichs (5. Jh.). Rund um das zentrale Taufbecken im Achteck Nischen mit Mosaikfußböden, dazwischen befinden sich schwarze Granitsäulen. Der zweigeschossige *Kreuzgang* (11. bis 13. Jh.) mit Spitz- und Rundbogenarkaden hat eine mit Bildtafeln geschmückte Balkendekke aus dem 15. Jh.

Das ehemalige *Bischofspalais* (14. Jh.) dient heute als Rathaus. *April–Sept. tgl. außer Di 9–19, sonst tgl. außer Di 9–12, 14–17 Uhr, pl. Formigé*

Zoo (Parc zoologique)

☺ Safaripark in einem 20 ha großen Freigehege mit Raubkat-

MARCO POLO TIPPS FÜR DIE WESTLICHE KÜSTE

1 Fréjus, Domviertel
Das bemerkenswerteste historische Bauensemble der Côte d'Azur (Seite 64)

2 Fréjus, Amphitheater
Wo einst Gladiatoren fochten, finden heute Stierkämpfe statt (Seite 64)

3 Port-Grimaud
Oft kopiert, nie erreicht: eine moderne Feriensiedlung, auf »alt« getrimmt (Seite 67)

4 St-Tropez
Erinnerungen an die wilden sechziger Jahre… (Seite 70)

5 St-Tropez, Musée de l'Annonciade
Ein repräsentativer Querschnitt durch die Kunst des 20. Jhs. (Seite 71)

6 Ramatuelle
Ein reizvolles Gebirgsdorf im Inneren der Halbinsel von St-Tropez (Seite 73)

7 Corniche des Maures
Die westlichste Küstenstraße der Côte d'Azur (Seite 70)

8 Hyerische Inseln
Auf zwei Inseln regiert der Naturschutz, auf der dritten sonnen sich die Naturisten (Seite 70)

zen, Elefanten und Affen, 5 km nördlich von Fréjus. *Tgl. 10 bis 17 Uhr, im Sommer 9.30 bis 18.30 Uhr, Eintritt 62 FF, Kinder bis 10 Jahre 38 FF*

MUSEEN

Archäologisches Museum Fréjus
Im Oberstock über dem Kreuzgang ist eine reiche Sammlung von römischen und gallorömischen Funden ausgestellt, darunter ein doppelköpfiger Hermes. *April–Sept. tgl. 9–19 Uhr, sonst tgl. außer Mo 9–12 und 14–17 Uhr, Eintritt 25 FF*

Archäologisches Museum Saint-Raphaël
Neben dem romanischen Raffaelskirchlein (12. Jh.) in der Altstadt. Fundstücke aus dem Meer, vor allem Amphoren. *Rue Vieille Église, 15. April–15. Sept. tgl. außer Di 10–12 und 15–19 Uhr, sonst tgl. außer So 10–12 und 14–18 Uhr, Nov. geschl., Eintritt frei*

RESTAURANTS

Fréjus–St-Raphaël ist auf den Massentourismus eingerichtet; das färbt auf die Restaurants ab.

Pastorel
Terrassenlokal in der Altstadt im Hotel Epulies. *54, rue de la Liberté, St-Raphaël, Tel. 04 94 95 02 36, Kategorie 2*

Le Vieux Four
Das Herzeigelokal von Fréjus. Rustikales Dekor. Man reser-

viert besser vorher. *57, rue Grisolle, Tel. 04 94 51 56 38, Kategorie 1–2*

Voile d'Or
Die erste Adresse. Terrassenblick von der Seepromenade. *1, bd. Général-de-Gaulle, St-Raphaël, Tel. 04 94 95 17 04, Kategorie 1*

EINKAUFEN

Provenzalisches Kunsthandwerk, vor allem Töpferwaren – vielleicht einen Tonkrug, wie man sie früher für Olivenöl benutzte. Obst der Saison – berühmt sind die Pfirsiche von Fréjus.

HOTELS

Die Spitzenhotels liegen außerhalb der Stadt.

Beau Séjour
Einfacheres, freundliches Sommerhotel. *38 Zi., Promenade René-Coty, St-Raphaël, Tel. 04 94 95 03 75, Fax 04 94 83 89 99, Kategorie 2–3*

Excelsior
Modernes Haus mit Terrassenblick an der Strandpromenade. *36 Zi., 193, bd. Félix-Martin, St-Raphaël, Tel. 04 94 95 02 42, Fax 04 94 95 33 82, Kategorie 2*

Sable et Soleil
Familiäres Urlaubshotel nahe dem Strand von Fréjus-Plage. *20 Zi., 158, rue P.-Arène, Tel. 04 94 51 08 70, Fax 04 94 53 49 12, Kategorie 3*

Sol e Mar
Sommerhotel am Strand von Dramont, 6 km von St-Raphaël an der Route Corniche d'Or (RN 98). Schwimmbad, Restaurant mit schöner Aussichtsterrasse. *46 Zi., Tel. 04 94 95 25 60, Fax 04 94 83 83 61, Kategorie 2*

AM ABEND

Das Unterhaltungsangebot für den Abend konzentriert sich auf St-Raphaël; neben einem Casino eine Reihe von Diskos und Nachtlokalen.

SPIEL UND SPORT

St-Raphaël (mit dem benachbarten Fréjus-Plage) ist einer der beliebten Badeorte der Côte d'Azur. Hier kann man alle Arten von ⭑ Wassersport betreiben: Surfen, Segeln, Bootfahren, Tauchen. Mit 1800 Liegeplätzen ist der ✪ Yachthafen von St-Raphaël einer der größten der Küste.

Golfspieler können wählen zwischen dem 100 Jahre alten 18-Loch-Golfplatz von Valescure, *8 km nach NO, Tel. 94 82 40 46,* und dem neueren 18-Loch-Platz von Esterel Latitudes, Tel. 04 94 82 47 88

Inspiration

Nicht nur die Maler suchten – und fanden – Anregung und künstlerische Inspiration an der blauen Sonnenküste. Charles Gounod komponierte in St-Raphaël die Oper »Romeo und Julia«, und Friedrich Nietzsche vollendete in Èze »Also sprach Zarathustra«.

AUSKUNFT

Office Municipal de Tourisme
Rue Jean-Jaurès, Fréjus, Tel. 04 94 17 19 19, Fax 04 94 51 00 26, www.frejus.com

Office de Tourisme
Rue Waldeck-Rousseau, St-Raphaël, Tel. 04 94 19 52 52, Fax 04 94 83 85 40, www.saint-raphael.com

ZIELE IN DER UMGEBUNG

Les Issambres **(122/C 3)**
Zusammen mit den Stationen *Val d'Esquières, San Peïre* und *Les Calanques* ein Touristikzentrum zwischen dem Meer und bewaldeten Hügeln mit kleinen Badebuchten. Direkt an der Nationalstraße RN 98 liegt das Restaurant *La Réserve*, das exquisite Fischspezialitäten auf einer Terrasse unter Bäumen und Sonnenschirmen gleich am Meer serviert *(RN 98, Tel. 04 94 96 90 41, tgl. geöffnet, Dez. und Jan. geschl., im Nov. nur Fr, Sa und So, Kategorie 2–3)*.

Port-Grimaud **(122/B 4)**
★ Im innersten Winkel des Golfs von St-Tropez, an einem landschaftlich gar nicht besonders attraktiven Standort, liegt Port-Grimaud. Hier wurde nach der Idee des Architekten François Spoerry ein revolutionäres Fremdenverkehrskonzept verwirklicht, das seither wie zum Beispiel im benachbarten *Marines de Cogolin* oft kopiert wurde und als Paradebeispiel für umweltverträglichen Tourismus gilt – eine Stadt aus der Retorte, deren Einrichtungen auf dem letzten Stand der Technik sind, deren äußeres Bild aber die Illusion eines traditionellen provenzalischen Fischerortes weckt.

Alles ist hier auf alt getrimmt: die kunstfertig verblichenen, pastellfarbenen Fassaden, die unregelmäßigen Fenster, der mit Absicht wellige Verputz und vieles andere mehr. Die Anlage besteht aus Eigenheimen oder Eigentumswohnungen und ist speziell für Segelfreunde konstruiert: Der Ankerplatz in der von vielen Kanälen durchzogenen Lagunenstadt liegt direkt vor der Haustür. Besucher müssen ihr Auto auf einem Parkplatz nördlich der Siedlung abstellen.

Ste-Maxime **(122/B 3–4)**
Die alte Fischersiedlung hat sich zu einem schönen Badeort (10000 Ew.) entwickelt und ist zumindest im Sommer eine Alternative zum permanent überlaufenen und teureren St-Tropez auf der anderen Seite der Bucht. Der Sandstrand ist gepflegt, die kleine Altstadt herausgeputzt und mit ihren Restaurants und Märkten in den heißen Monaten quicklebendig. Nur ein paar Schritte vom Meer entfernt liegt das Hotel *Le Chardon Bleu (25 Zi., 20, rue de Verdun, Tel. 04 94 96 02 08, Fax 049443 90 89, Kategorie 2–3)*. Für seine frischen Muscheln in allen Variationen bekannt ist das Restaurant *Montana (60, rue Paul Bert, Kategorie 3)*.

Eine Kuriosität ist das *Museum für mechanische Musikinstrumente* mit 350 Exponaten von der Drehorgel bis zu Plattenspieler und Diktafon *(Park von St-Donat, 10 km nach Norden in Richtung Autobahn, Ostern–Anfang Okt., Mi bis So 10–12,14–18 Uhr, Eintritt 15 FF)*.

Auskunft: *Office du Tourisme, av. Charles de Gaulle, Tel. 04 94 96 19 24, Fax 04 94 49 17 97*

HYÈRES

(124/B 4) Hyères vereinigt eine Reihe von Superlativen auf sich: Es ist der westlichste, südlichste und außerdem der allerälteste Badeort der Côte d'Azur. Bereits um die Mitte des 18. Jhs. suchten Offiziere der englischen Mittelmeerflotte hier Erholung und Entspannung. Der Ort selbst hat Geschichte. Er geht zurück auf die griechisch-römische Hafenstadt Olbia bzw. Pomponia. Im Mittelalter verlegte man die Stadt landeinwärts an den schützenden Hang eines Burgberges. Der Hafen versandete; die Stadt lebte vom Ertrag der Salzgärten und der Landwirtschaft der umliegenden Gebiete. Der Fremdenverkehr brachte einen neuen Aufschwung.

Mit über 45 000 Einwohnern ist Hyères bei weitem die größte Siedlung zwischen Fréjus und Toulon. Unterhalb der hügeligen Altstadt mit ihren schönen alten Häusern und krummen Gassen breitet sich die Neustadt aus. Hyères hat den größten Palmenbestand der Küste.

BESICHTIGUNGEN

Burgruine und Villa Noailles

Die Überreste der Burg sind inmitten einer weiten Grünanlage hoch über der Altstadt gelegen. Zugang über den in Terrassen am Burghang aufsteigenden Parc St.-Bernard mit Fernblick auf die Goldinseln, die Stadt Hyères und die Halbinsel von Giens. Neben dem Park wird die *Villa Noailles* renoviert, die 1923 zum Symbol für moderne Architektur an der Küste wurde und häufig Künstler wie Picasso, Dalí, Buñuel oder Man Ray beherbergte. Im Sommer Ausstellungen, Führungen und Besichtigungen (*Auskunft über Office du Tourisme*).

Notre-Dame-de-Consolation

Moderne Wallfahrtskirche in exponierter Lage auf dem Costebelle-Hügel im Süden der Stadt. Schöne Fernsicht. *3 km südlich von Hyères, tgl. 8.30–17.30, im Sommer bis 20 Uhr*

Olbius-Riquier-Park (Jardin Olbius-Riquier)

Die opulenteste der vielen Grünanlagen der Stadt mit zahlreichen Vögeln und exotischen Pflanzen, vor allem Palmen und Kakteen. *Tgl. 8–17.30 Uhr, im Sommer bis 20 Uhr*

RESTAURANT

Le Bistrot de Marius

Auf einem hübschen Platz in der Altstadt. Üppige Portionen. *1, pl. Massillon, Tel. 04 94 35 88 38, im Winter Di geschl., Kategorie 3*

HOTELS

Les Pins d'Argent

Herrenhaus aus dem 19. Jh. mit Schwimmbad im Garten. *20 Zi., bd. de la Marine, Tel. 04 94 57 63 60, Fax 04 94 38 33 65, Kategorie 2*

Du Soleil

Angenehmes, einfaches Familienhotel in ruhiger Altstadtlage. *22 Zi., rue Rempart, Tel. 04 94 65 16 26, Fax 04 94 35 46 00, Kategorie 3*

Yacht Club Hyérois
Sporthotel direkt am Segelhafen, einfache Zimmer auch für Gruppen, Freizeitangebote im Haus. *37 Zi., av. du Dr. Robin, Port St-Pierre, Tel. 04 94 08 94 08, Fax 04 94 08 94 80, Kategorie 3*

SPIEL UND SPORT

Die Badeplätze von Hyères befinden sich auf der Halbinsel Giens und den Hyerischen Inseln. Auf der Insel Port-Cros gibt es für Taucher einen mit Bojen markierten Unterwasserlehrpfad, ferner wunderschöne Wanderwege.

Für Surfer ist der *tombolo,* die Landverbindung von Hyères und der Halbinsel von Giens, idealer Platz. Bei Ostwind ist der *Bergerie-Strand* im Osten, bei Mistral der *Almanarre-Strand* im Westen erste Wahl.

AUSKUNFT

Office du Tourisme
Rotonde Jean Salusse, Tel. 04 94 65 18 55, Fax 04 94 35 85 05

ZIELE IN DER UMGEBUNG

Halbinsel Giens **(124/B 5–6)**
Zwei mit Fahrstraßen ausgestattete Sandstreifen verbinden die einstige Insel mit dem Festland. Zwischen ihnen erstreckt sich die Lagune *(Etang des Pesquiers).* Im nördlichen Teil befindet sich die Saline. Die westliche Straße, die *Route du Sel,* ist bei Hochwasser nicht befahrbar. Einer der schönsten Abschnitte des Küstenwanderweges im Département Var ist der *sentier littoral* vom kleinen Hafen *La Madrague* im Westen der Halbinsel bis zur *Plage de l'Arboussière.* Die 6,5 km sind von geübten Wanderern in gut 2 Std. zu bewältigen.

Die teilweise begrünte Halbinsel ist ein beliebter Badeort. Von der Burgruine des Städtchens Giens schöner Fernblick.

Parkterrasse, Schwimmbad, Tennisplatz, Privatstrand und Restaurant bietet das Hotel *Le Provençal (41 Zi., April–Okt., Tel. 04 94 58 20 09, Fax 04 94 58 95 44,*

Port-Cros, eine der drei Hyerischen Inseln, ist kaum besiedelt

Kategorie 2). Bei hübscher Aussicht speist man im *Le Tire Bouchon (Tel. 04 94 58 24 61, Kategorie 2–3).*

Hyerische Inseln **(124–125/B–F 5–6)**

★ Die drei Inseln – Porquerolles, Port-Cros und Levant – sind die höchsten Punkte der abgesunkenen Gebirgskette des Maurenmassivs. Sie wurden bereits in vorgriechischer Zeit besiedelt. Schiffsverbindungen nach Porquerolles gibt es von La Tour Fondue (Halbinsel Giens), Le Lavandou, Cavalaire-sur-Mer und von Toulon aus. Nach Port-Cros: von Hyères-Plage, Le Lavandou und Cavalaire-sur-Mer. Von Port-Cros auch Bootsverbindung nach Héliopolis auf der Insel Levant.

Porquerolles, die westlichste und größte der Inseln, ist 7 km lang und 3 km breit. Als ehemaliger Militärstützpunkt ist sie in Staatsbesitz. Die ganze Insel steht unter Naturschutz. Im Norden sind Sandstrände; an der Südküste fallen die Felsen steil zum Wasser ab. Vom Leuchtturm an der Südspitze der Insel herrliche Fernsicht, desgleichen vom Leuchtturm auf der höchsten Erhebung (142 m).

Ruhig, im Grünen und mit Privatstrand wohnt man am Westende der Insel im *Le Mas du Langoustier (53 Zi., nur Vollpension, Mai–Nov., Tel. 04 94 58 30 09, Fax 04 94 58 36 02, Kategorie 1–2).* Das Restaurant des Hotels gehört zur Spitzenklasse.

Ein gemütliches Restaurant im provenzalischen Stil bietet die *Auberge des Glycines (9 Zi., nur Halbpension, Mitte Feb.–Mitte Nov., Tel. 04 94 58 30 36, Kategorie 2).*

Das kaum besiedelte, dicht begrünte Inselchen *Port-Cros* (7 km^2 groß) steht samt seinem maritimen Rand von 18 qkm unter Naturschutz. Vom Hafen Port-Cros führen wunderschöne Wanderwege z. B. ins Tal der Einsamkeit *(vallon de la solitude),* zu den steilen Klippen an der Südküste oder auf den 194 m hohen Mont Vinaigre.

Die *Ile de Levant* ist bekannt als die Wiege der Freikörperkultur, ein Paradies für Nudisten. Der Hauptteil dieser kleinsten der drei Inseln ist allerdings noch immer militärisches Sperrgebiet.

ST-TROPEZ

(122/B 4) ★ Seit den wilden 60er-Jahren, als im Schlepptau der Literaten der Pariser Rive Gauche eine internationale Schickeria, von Brigitte Bardot und Gunter Sachs bis Françoise Sagan und Curd Jürgens, St-Tropez für sich in Beschlag nahm, ist das einst geruhsame, hübsche provenzalische Fischerdorf der Inbegriff hektischer Urlaubsfreuden an der Côte d'Azur. Es ist daher nicht weiter verwunderlich, dass hier die Oben-ohne-Mode ihren skandalumwitterten Anfang nahm.

Der Ort hat viel von seinem einstigen Glanz verloren. Doch die Faszination des Namens wirkt weiter. Der Ort zieht viel junges Publikum an, er ist laut, lebhaft und nach wie vor exzentrisch. Und wenn auch die Zahl der Reichen, die hier ihre Ferien verbringen, zurückgegangen sein mag, die Preise sind nach wie vor respekteinflößend. Aber immer noch sitzt es sich – vor allem vormittags – herrlich am

Hafen, wo man in aller Ruhe die nebeneinanderliegenden Fischerboote und Luxusyachten betrachten kann.

Den Aufstieg des Städtchens leitete der postimpressionistische Maler Paul Signac ein, der sich 1892 hier niederließ und andere Künstler nachzog. Die beiden großen lokalen Feste, die Bravaden vom 16. bis 18. Mai und im Juni, erinnern an die Stiftungslegende der Stadt und an einen siegreich zurückgeschlagenen Angriff von der See 1637.

BESICHTIGUNGEN

Sehenswert ist das geschäftig-südländische Treiben auf dem *Fischmarkt.* Pétanque-Spieler bevölkern die *Place des Lices,* das malerische Zentrum der Altstadt. Zu empfehlen ist auch ein Besuch des Seefriedhofs *(Cimetière Marin)* unterhalb der Zitadelle.

Außerdem sollten Sie unbedingt einen Spaziergang durch die Gassen der Altstadt machen und auch einen Blick auf das *Maurenhaus* werfen, das nur ein paar Schritte vom Hafen entfernt in der Rue du Général Allard zu finden ist.

MUSEEN

Annunziaten-Museum (Musée de l'Annonciade)
★ In der früheren Kapelle sind Werke der »Maler von St-Tropez« und ihrer Zeitgenossen ausgestellt: Gemälde von Signac, Bonnard, Derain, Dufy, Vuillard und Seurat; Skulpturen u. a. von Maillol. *Mi–Mo 10–12, 15–18, Sommer bis 19 Uhr, Nov. geschl., rue de la Nouvelle Poste, Eintritt 30 FF*

Schiffahrtsmuseum (Musée naval)
Im Wohnturm der Zitadelle, auf einem Hügel am Ostende der Stadt gelegen. Von der Turmterrasse großartiger Rundblick über das Meer, die Bucht und die Berge des Mauren-Massivs. *Tgl. außer Di 10–18 Uhr, Nov. geschl., Eintritt 25 FF*

RESTAURANTS

Joseph
Viel schickes Volk und gute Küche. *Tgl. geöffnet, 1, pl. de l'Hôtel de Ville, Tel. 04 94 97 01 66, Kategorie 1–2*

Le Roustidou
Einfaches, seit 1987 von derselben Mannschaft geführtes Restaurant direkt am Annunziatenmuseum mit erschwinglichen Fischgerichten. *Tgl. geöffnet, pl. Grammont, Tel. 04 94 97 01 37, Kategorie 3*

La Table du Marché
Hier kocht Christophe Leroy beste Bistroküche. *Tgl. geöffnet, 38, rue Clemençeau, Tel. 04 94 97 85 20, Kategorie 2*

EINKAUFEN

In den Boutiquen sind alle Luxusmarken dieser Erde vertreten. Wer ein günstiges Souvenir erhaschen will, der sollte sich im Hinterland um provenzalisches Kunsthandwerk (Töpferware, Textilien) bemühen.

HOTELS

La Bastide de Saint-Tropez
Fast privates, verwunschenes Gartenhotel mit kleinen, gemütlichen Bungalows. Das Hotel-

restaurant »l'Olivier« gehört zu den Top-Adressen am Ort. *26 Zi., route des Carles, Tel. 04 94 97 58 16, Fax 04 94 97 21 71, Kategorie L*

Château de la Messardière
Oberhalb des Tahiti-Strandes im Pinienwald gelegen. Herrlicher Blick. Etwas kühle Pracht. *90 Zi., route de Tahiti, Tel. 04 94 56 76 00, Fax 04 94 56 76 01, Kategorie L–1*

La Maison Blanche
Liegt sehr zentral an lebhaftem Platz, dafür alte Möbel und gediegene Atmosphäre. *8 Zi., pl. des Lices, Tel. 04 94 97 52 60, Fax 04 94 97 89 23, Kategorie 1*

SPIEL UND SPORT

An erster Stelle steht natürlich der Wassersport in allen seinen Formen – Surfen, Segeln, Wasserski, Tauchen.

Auf dem Hauptstrand von St-Tropez, der *Plage de Tahiti,* 6 km nach Südosten, geht es zwar ziemlich turbulent zu, doch Strand und Wasser sind relativ sauber.

Wer dem Trubel aus dem Weg gehen will, muss ziemlich weit fahren – 12 km nach Süden zur Plage de l'Escalet, einem zwischen Felsen eingezwängten kleinen Sandstrand.

Die Taucher haben in St-Tropez eine eigene Füllstation, und wer aufs Hochseefischen nicht verzichten mag, kann von hier aus diesem Sport nachgehen.

Tennisplätze gibt es in Hülle und Fülle. Der nächste Golfplatz (9 Löcher) ist in Beauvallon bei Ste-Maxime in 9,5 km Entfernung an der gegenüber liegenden Seite des Golfs. *Tel. 04 94 96 16 98*

AM ABEND

Ein überreiches Angebot an Diskos und Nachtclubs, wobei die Gunst des Publikums meist nur ein, zwei Saisons anhält.

AUSKUNFT

Syndicat d'Initiative
Quai Jean-Jaurès, Tel. 04 94 97 45 21, und *Busbahnhof, Tel. 04 94 97 70 68, www.nova.fr/saint-tropez*

ZIELE IN DER UMGEBUNG

Cavalaire-sur-Mer (122/A 6)
Der familienfreundliche Badeort mit noch preisgünstigen Hotels verfügt über einen 4 km langen Sandstrand, einen Yachthafen mit mehr als 1000 Ankerplätzen und ein Spielcasino. Auskunft: *Office du Tourisme, square Maréchal-de-Lattre-de-Tassigny, Tel. 04 94 01 92 10, Fax 04 94 05 49 89*

Corniche des Maures
★ Entlang dem Küstensaum der Pradels-Kette (528 m) im Mauren-Massiv führt eine Panoramastraße durch eine prachtvolle grüne Gebirgslandschaft, deren ursprünglich reicher Waldbestand in den letzten Jahren durch Brände leider schwer mitgenommen wurde. Im Verlauf der Strecke bietet sich eine Fülle großartiger Ausblicke auf die Küste und das Meer.

La Croix-Valmer (122/A 5)
Luftkurort, ein Stück landeinwärts am Südrand der Halbinsel von St-Tropez gelegen und von Weinbergen umgeben. Der Name des Dorfes rührt von einer Vision des römischen Kaisers

Strahlt trotz des Trubels noch immer Ruhe aus: der Hafen von St-Tropez

Konstantin her, der hier ein Kreuz am Himmel sah, das ihm den Sieg verhieß. Nach der erfolgreichen Schlacht ließ er sich taufen. Auskunft: *Office du Tourisme, esplanade de la Gare, Tel. 04 94 55 12 12, Fax 04 94 55 12 10*

Le Lavandou **(125/E 4)**
Der Aufstieg zum Touristenzentrum ist bezeichnend für die Entwicklung der Region. Als in den 20er-Jahren der deutsche Schriftsteller Walter Hasenclever nach Le Lavandou kam, war er der einzige Fremde. Heute hat der Ort (5200 Ew.) im Sommer 100 000 Urlaubsgäste; im Winter ist er eine Geisterstadt. *Auskunft: Office du Tourisme, quai G.-Péri, Tel. 04 94 71 00 61, Fax 04 94 64 73 79*

Ramatuelle **(122/B 5)**
12 km nach Süden liegt im Inneren der Halbinsel von St-Tropez in malerischer Hügellage, umgeben von Weinbergen, das reizvolle Dorf ★ Ramatuelle, umschlossen von der alten Wehrmauer, mit verwinkelten Gassen und sich eng aneinander schmiegenden alten Häusern. Ein paar Kilometer nach Westen kommt man zu den Mühlen von Paillas *(Moulins de Paillas)* mit herrlicher Fernsicht.

Le Rayol **(125/F 3)**
1910 ließ der Pariser Bankier Courmes für seine junge Frau einen exotischen Garten direkt am Meer in unmittelbarer Nähe des Ortes Le Rayol anlegen, gab das Projekt aber nach der Weltwirtschaftskrise 1929 wieder auf. 1940 übernahm der Flugzeugbauer Potez für kurze Zeit das 20 ha große Anwesen, das erst 1989 vom *Conservatoire du Littoral* gekauft und für die Öffentlichkeit zugänglich gemacht wurde. *Domaine du Rayol, tgl. 9.30–12.30 und 14.30–18.30 Uhr (Juli/Aug. bis 20 Uhr), Führungen 6-mal tgl. im Sommer, sonst tgl. 15 Uhr, Nov.–Jan. geschl., Eintritt für Führung 40 FF*

Der Reiz der Bergdörfer

Im Hinterland der Côte d'Azur geht es bedeutend ruhiger als an der Küste zu

Nur ein paar Kilometer vom Meer entfernt zeigt die Côte d'Azur ein ganz anderes Gesicht. Nach dem Trubel an der Küste umfängt den Besucher im Hinterland Ruhe und Gelassenheit. Die Landschaft in den Hügeln und Bergen erschließt sich den Besuchern nicht auf den ersten Blick. Sie will in ihrem eigentümlichen, herben Reiz erst erobert werden.

In den tief eingeschnittenen Tälern von Esteron, Loup oder Cagne rund um das Cheiron-Gebirge, den Schluchten von Daluis oder Cians und rund um den Grand Canyon du Verdon in den Voralpen von Castellane ist der Urlauber zwar gern gesehen, aber noch lange nicht das Maß aller Dinge. Im Gegensatz zum hektischen Treiben an der Küste ist hier der Gang des Lebens langsamer und bedächtiger. Dabei hat auch das Hinterland seine Geschichte. Thorenc am 1439 m hohen Col de Bleine war zu Beginn des 20. Jhs. ein gefragter Luftkurort, Auron im Tal der Tinée eine schicke Wintersportstation.

Herrliche Aussichtspunkte – wie hier mit Blick auf St-Paul-de-Vence – gibt es viele im Landesinneren

Viele der Bergdörfer, die wie Schwalbennester an den Hängen kleben, haben trotz andauernder Landflucht eine bäuerliche Grundstruktur behalten, aber in der vorsichtigen Öffnung für den Fremdenverkehr auch neue Zukunftsperspektiven gefunden. Ein buntes Völkchen von Aussteigern, Kunsthandwerkern und Naturliebhabern, die sich als Touristenführer verdingen, machen die klitzekleinen Gemeinden mit oft nur zweistelligen Einwohnerzahlen zumindest im Sommer wieder lebendig. Die Franzosen haben für sie den treffenden Ausdruck *villages perchés*, also »Dörfer wie auf der Vogelstange«. Weil über Jahrzehnte hinweg kaum neu gebaut wurde, haben sich die Orte ihren ursprünglichen Charakter bewahrt. Und jetzt werden die einfachen Steinhäuser wie im 1030 m hoch gelegenen Coursegoules sorgfältig restauriert.

Die oft beschwerliche Anfahrt mit spektakulären Aussichtspunkten über enge Straßen, die in die Felswände der Schluchten geschlagen wurden, lohnt sich für Besucher, die Zeit zum Entdecken mitbringen. Grandiose Naturschauspiele wie die Wasserläufe von Esteron, Loup oder Verdon verführen zu Sportarten wie Canyoning, Kajakfahren, Extremklettern oder ausgedehnten Wanderungen zu Fuß.

CASTELLANE

(115/E3) An der Route Napoléon gelegen, bietet sich Castellane (1300 Ew.) als Ausgangspunkt zur Besichtigung des Grand Canyon du Verdon hervorragend an. Vor dem Städtchen ragt eine 200 m hohe Kalkklippe auf; die Brücke zu ihren Füßen stammt aus dem 17. Jh.

BESICHTIGUNGEN

Notre-Dame-du-Roc
Vorbei an den Resten der alten Stadtbefestigung mit der zinnengekrönten *Tour Pentagonale* führt ein Promenadenweg (ca. 1 Std. Gehzeit) mit Kreuzwegstationen hinauf auf den Felsen zu der 1703 erbauten Kapelle Notre-Dame, einem vielbesuchten Wallfahrtsort. Vom Gipfel des Plateaus grüßt eine große Marienstatue. Herrliche Fernsicht hinüber zum Eingang der Schlucht des Verdon.

MARCO POLO TIPPS FÜR DAS LANDESINNERE

1 Vallée des Merveilles
Zehntausende von Felsbildern aus der Bronzezeit im Nationalpark Mercantour (Seite 84)

2 Grasse
Die Parfumhauptstadt der Welt (Seite 79)

3 Vence, Rosenkranz-Kapelle
Der Höhepunkt im Schaffen des Malers Henri Matisse (Seite 86)

4 Gorges du Loup
Zwischen senkrechten Kalkfelsen Wasserfälle und Strudellöcher (Seite 81)

5 Abtei le Thoronet
Ein großes Werk provenzalischer Hochromanik (Seite 77)

6 Gorges de la Vésubie
Wildromantische Schlucht im Hinterland von Nizza (Seite 85)

7 Grand Canyon du Verdon
Die gewaltigste Felsenschlucht Europas (Seite 78)

8 Peillon
Romantisches Felsennest in den Bergen hinter Monaco (Seite 88)

9 Train des Pignes
Mit der Dampflokomotive über 33 Brücken und durch 25 Tunnel (Seite 81)

10 Fondation Maeght, St-Paul
Wallfahrtsstätte für Liebhaber moderner Kunst (Seite 87)

Tour de l'Horloge
Durch die engen, gewundenen Gassen der Altstadt gelangt man zur Tour de l'Horloge, einem gotischen Stadttor, das von einem Uhrturm gekrönt ist.

RESTAURANT

Auberge du Teillon
Gutbürgerliches Essen ohne Firlefanz. *An der N-85 6 km nach Süden in La Garde, Tel. 04 92 83 60 88, Kategorie 3*

EINKAUFEN

Lavendelblüten in Leinensäckchen als Duftspender für den Wäscheschrank.

HOTELS

Ma Petite Auberge
Solides Hotel mit schattigem Park. *15 Zi., pl. de l'Église, Tel. 04 92 83 62 06, Fax 04 92 83 68 49, Kategorie 3, Restaurant Mi geschl. (außer Juli, Aug.)*

Du Roc
Einfaches, sauberes Haus am Marktplatz. *10 Zi., bd. de la République, Tel. 04 92 83 62 65, Fax 04 92 83 73 76, Kategorie 3*

AUSKUNFT

Office de Tourisme
Route Nationale, gegenüber der Tour de l'Horloge, Tel. 04 92 83 61 14, Fax 04 92 83 76 89, www.castellane.org

ZIELE IN DER UMGEBUNG

Abtei Le Thoronet (120/D 4)
Auf halbem Weg zwischen Castellane und der Küste liegt in einsamer Abgeschiedenheit eines der bedeutendsten Baudenkmäler der Region. Die ★ Zisterzienserabtei Le Thoronet, ein Musterbeispiel der provenzalischen Hochromanik, wurde gegen Ende des 12. Jhs. errichtet. Erhalten bzw. wiedererstanden sind die Kirche, der Kreuzgang und ein guter Teil der Klostergebäude. Es herrscht der Eindruck äußerster Schlichtheit und Einfachheit, ganz ohne Zierat. Nur in den Skulpturen der Kapitelle im frühgotischen Kapitelsaal wird das Prinzip unbedingter Schmucklosigkeit ein wenig durchbrochen. Die Abtei wurde bereits im 17. Jh. aufgegeben. *Besichtigung April–Sept. tgl. 10.30 bis 18.30, Okt.–März 10–13 und 14 bis 17 Uhr, Feiertage geschl., Eintritt 35 FF*

Dörfer des Haut-Var (120/A-C 1-3)
Zwischen der immer mehr für den Tourismus erschlossenen Verdon-Schlucht und der Küste haben sich die zum Teil behutsam restaurierten Dörfer im Norden des Départements Var ihre Ursprünglichkeit bewahrt. *Aups* **(120/C1)** ist der wichtigste Marktflecken der Gegend. Im Winter kann man hier auf dem Markt frische Trüffeln kaufen (*Do vormittags*). Die pittoreske Altstadt von *Villecroze* wartet mit wunderschönen Gassen unter Arkaden auf **(120/C2)**. Außerdem sind eine Felswand voller Grotten, die bis ins Mittelalter hinein bewohnt waren, und ein Park am Fuße eines Wasserfalls sehenswert *(Besichtigung mit Führung 1. Juli–15. Sept. tgl. 10–12 und 14.30–19 Uhr, Mai bis Juni nur nachmittags, 16. Sept.–14. Okt. und*

11. Feb.–April Sa/So 14–18 Uhr, Eintritt 10 FF).

Das Schloss von *Entrecasteaux* (**120/C3**) aus dem 17. Jh. war Wohnsitz von provenzalischen Größen wie dem Marquis von Grignan *(tgl. außer Mi 11–12.30 und 14.30–18 Uhr, 15. Feb.–15. März geschl., Eintritt 30 FF). Carcès* (**120/B3–4**) wiederum ist mit seinem 100 ha großen Stausee ein Paradies für Angler.

Die Altstadt von *Cotignac* (**120/B3**) duckt sich unter Tuffsteinfelsen. Der Ort wird mit seinem großen Markt jeden Dienstag zum Treffpunkt der *Provence Verte*, der »grünen Provence«. Gästezimmer, die in der Gegend weitverbreiteten *chambres d'hôtes*, bietet in absoluter Ruhe das Weingut *Domaine de Nestuby*, 4 km im Südwesten von Cotignac an der Straße nach Brignoles *(4 Zi., Tel. 04 94 04 60 02, Fax 04 94 04 79 22, Kategorie 3).*

Langsam restauriert wird das Dorf *Sillans-la-Cascade* (**120/B2**). Schöner Spaziergang zu den Wasserfällen des Bresque-Flusses, 1 km vom Dorf entfernt.

Auskunft: *Office du Tourisme d'Aups, pl. Frédéric Mistral, Tel. 04 94 70 08 80, Fax 04 94 84 00 69, Office du Tourisme Cotignac, 2, rue Bonaventure, Tel. 04 94 04 61 87*

Grand Canyon du Verdon (114–115/B–D 4–5)

★ Der Grand Canyon du Verdon gehört zu den bedeutendsten Naturdenkmälern Europas. Der aus einer Höhe von 2500 m kommende Gebirgsfluss hat sich hier quer durch die Kalkfelsen der Voralpen gegraben und den Weg ins Tal der Durance erzwungen. Die grauen Felswände zu beiden Seiten der engen Schlucht fallen bis zu 700 m senkrecht in die Tiefe ab. Am Grund sieht man das jadegrüne Wasserband. Trotz seiner Zähmung durch zahlreiche Talsperren ist die Schlucht für Kajakfahrten und Fußwanderungen nicht ungefährlich, weil der Wasserspiegel nach starken Regenfällen oder spontanen Schleusenöffnungen sehr rasch steigt. Man sollte sich vorher im *Office de Tourisme* von *Moustiers* oder *Castellane* erkundigen.

Zwei Bergstraßen, die eine am Südufer *(Corniche Sublime)*, die andere am Nordufer *(Corniche des Crètes)* der Schlucht, bieten eine Fülle von Aussichtspunkten. Auf 800 m Höhe, hoch über der *Falaise des Cavaliers* am Ausgangspunkt eines Wanderwegs in die Schlucht, ist von Ostern bis zum 15. Okt. das *Hôtel du Grand Canyon* mit seinem Panoramarestaurant geöffnet *(D 7 zwischen Aiguines und Comps, 15 Zi., Tel. 04 94 76 91 31, Fax 04 94 76 92 29, Kategorie 3).* Zu beiden Seiten der Schlucht verlaufen Fernwanderwege: im Norden der GR 4 nach Moustiers, im Süden der GR 99.

Moustiers-Ste-Marie (114/B 3)

Die Lage ist atemberaubend: Wie Kulissen ragen Kalksteinklippen fast senkrecht in den Himmel. In einem Felseinschnitt thront hoch über dem Ort das uralte Wallfahrtskirchlein Notre-Dame-de-Beauvoir, von dem aus eine 227 m lange vergoldete Kette am Fels entlangläuft, die Votivgabe eines Kreuzfahrers. Am Fuß der Steilwand kauert der winzige Ort von 500 Einwohnern.

Im 17. und 18. Jh. war Moustiers ein Zentrum der französischen Fayence-Manufaktur. Der letzte Brennofen erlosch 1874. 1925 wurde die alte Kunstfertigkeit wiederbelebt und ist auf dem Weg zu ihrer einstigen Bedeutung, freilich in eingeschränktem Rahmen. Im *Fayencen-Museum* sind Musterstücke aus der Blütezeit (1679 bis 1794) ausgestellt *(April–Okt. Mi–Mo 9–12, 15–18 Uhr, Eintritt 10 FF)*.

Im Restaurant *Les Santons, pl. Eglise, Tel. 04 92 74 66 48* (reservieren!) kann man zu erschwinglichen Preisen essen wie Gott in Frankreich. *Geschl. Dez., Jan.; Di, Mo abends (außer Juli bis Sept.), Kategorie 2*

Alain Ducasse, der als erster Koch mit seinen beiden Restaurants in Paris und Monaco 1998 jeweils drei Michelin-Sterne holte, hat in Moustiers eine Filiale eröffnet: *La Bastide de Moustiers, La Grisolière, quartier St-Michel, Tel. 04 92 70 47 47, Fax 04 92 70 47 48, www.bastide-moustiers.i2m.fr, Kategorie 1–2.* Ein Hotel mit 12 Zimmern ist angeschlossen *(Kategorie 1)*.

Moustiers ist der ideale Ausgangspunkt für Ausflüge an den *Lac de Ste-Croix,* den erst 1975 angelegten Stausee mit 2200 ha Fläche und einer Vielzahl von Wassersportangeboten.

Auskunft: Office du Tourisme, Tel. 04 92 74 67 84, Fax 04 92 74 60 65

GRASSE

(117/E-F3) Von ihrer Hanglage blickt die ★ Stadt Grasse (38 000 Ew.) über das inzwischen leider stark verbaute Hügelland. Die Welthauptstadt der erlesenen Düfte kam zu ihrer Stellung fast durch Zufall. Im Mittelalter war Grasse eine Stadtrepublik mit alter Gewerbetradition. Die Gerber stellten feine Lederhandschuhe her. Als gegen 1600 die Mode aufkam, die Handschuhe zu parfümieren, warf man sich in Grasse auch auf die Destillation von Duftstoffen. Aus dem Nebenerwerbszweig wurde das Hauptgeschäft, und so ist es geblieben. Ein zarter Duft begleitet einen auch heute noch in den Straßen der Stadt.

BESICHTIGUNGEN

Altstadt

Die Altstadt von Grasse, auf der Kuppe einer felsigen Anhöhe gelegen, hat sich seit dem 18. Jh. kaum verändert. Besonders hübsch ist die von Laubengängen umschlossene *Place aux Aires* mit ihrem Brunnen. Der Zugang zur Altstadt erfolgt über die Terrasse der *Place du Cours* mit herrlichem Fernblick. Einer der ältesten Bauten ist der Wachturm aus rotem Tuffstein (12. Jh.) im Verband des Rathauses, des ehemaligen Bischofspalastes. Vom Platz hinter der Kathedrale (bemerkenswertes Triptychon von Louis Bréa um 1500) haben Sie eine prächtige Fernsicht.

Aussichtspunkte

Weitere großartige Ausblicke über die Berge des Tanneron und des Esterel-Massivs bis zum Meer bieten sowohl der Stadtpark *La Corniche* im Norden der Stadt wie auch der etwas tiefer gelegene Garten der Prinzessin Pauline.

Parfumfabriken

Mehrere Parfumfabriken können besichtigt werden.

MUSEEN

Marinemuseum
In einem alten Palais: Segelschiffmodelle aus vielen Jahrhunderten. *Tgl. außer Mo 10–19 Uhr, geschl. Nov., 2, bd. du Jeu-de-Ballon, Eintritt 20 FF*

Museum für Kunst und Geschichte der Provence
Volkskundesammlung im Stadtpalais (18. Jh.) einer Schwester des Grafen Mirabeau. Schwerpunkt: Keramik. *Juni–Sept. tgl. 10–19, Okt.–Mai Mi–So 10–12, 14–17 Uhr, 2, rue Mirabeau, Eintritt 25 FF*

Parfummuseum
3000 Jahre Parfumgeschichte werden präsentiert, die Herstellung der verführerischen Düfte ebenso wie Kosmetika. *Juni bis Sept. tgl. 10–19, Okt.–Mai Mi–So 10–12, 14–17 Uhr, geschl. Nov., 8, place du Cours, Eintritt 25 FF*

Villa Fragonard
Das Landhaus aus dem 17. Jh. mit seinem schönen Park diente 1790–1791 dem Rokokomaler Jean-Honoré Fragonard, dem berühmtesten Sohn der Stadt, während der Revolutionwirren als Zuflucht. Ausgestellt sind Originalgemälde, Zeichnungen, Skizzen, ferner in Kopie die berühmte Bilderserie für Madame Dubarry (1770/71), die 1915 nach New York verkauft wurde. *Juni–Sept. tgl. 10–19, Okt.–Mai Mi–Sa 10–12, 14–17 Uhr, geschl. Nov, 23, bd. Fragonard, Eintritt 25 FF*

RESTAURANT

Amphitryon
Bietet ein gutes Preis-Leistungs-Verhältnis; in der Nähe der Museen gelegen. *16, bd. Victor-Hugo, Tel. 04 93 36 58 73, geschl. Aug., Weihnachten, So, Feiertage, Kategorie 2*

Auf der Place aux Aires kann man fast jeden Morgen frische Blumen kaufen

EINKAUFEN

Parfum – direkt bei den Herstellern Fragonard, Galimard und Molinard. Auf der zauberhaften, mit Ulmen bestandenen *Place aux Aires* gibt es täglich (außer Mo) frühmorgens einen Markt.

HOTEL

Hôtel des Parfums
Das erste Haus am Platz. Mit Garten, Schwimmbad und Restaurant ausgestattet. Blick auf die Altstadt. *71 Zi., bd. E.-Charabot, Tel. 04 92 42 35 35, Fax 04 93 36 35 48, www.aaacom.com/hotelreservation/parfum.htm, Kategorie 2*

SPIEL UND SPORT

Golfspieler haben eine reiche Auswahl: Golfplatz Opio-Valbonne, 11 km nach Osten, 18 Loch. *Tel. 04 93 42 00 08*
Golfplatz Grande Bastide, in Opio, 6 km östlich, 18 Loch, *Tel. 04 93 09 71 00*
Golfplatz Val Martin, 13 km nach Osten, 9 Loch, *Tel. 04 93 42 07 98*

AUSKUNFT

Office de Tourisme
22, Cours Honoré Cresp, Tel. 04 93 36 03 56, Fax 04 93 36 86 36

ZIELE IN DER UMGEBUNG

Gorges du Loup **(117/F 1–2)**
★ Die Schlucht des Loup gehört zu den eindrucksvollsten Naturdenkmälern des Kontinents. Der Loup entspringt in 1300 m Höhe in den Bergen von Audibergue. In seinem relativ kurzen Lauf ins Meer hat er sich fast auf seiner ganzen Länge tief in das weiche Kalksteingebirge eingefressen. An manchen Stellen hat der Fluss riesige Strudellöcher in die fast senkrecht abfallenden Wände gegraben. Spektakuläre Wasserfälle wie die *Cascade de Courmes* oder der *Saut de Loup* runden das pittoreske Bild lautstark ab.

Train des Pignes
★ Eine Fahrt mit dem »Pinienzapfenzug« ist sicher die originellste Art, das Hinterland der Côte d'Azur kennen zu lernen. Jedes Wochenende im Sommer, von Anfang Mai bis Mitte Okt., zieht eine echte Dampflokomotive die Holzwaggons mit 220 Sitzplätzen über einen Teil der Anfang des 20. Jhs. gebauten Eisenbahnstrecke zwischen Nizza und Digne. Die insgesamt 150 km lange Strecke mit den 25 Tunnels und 33 Brücken ist für diese Touristenbahn in mehrere Abschnitte unterteilt. Die Reise wie zu Omas Zeiten von *Annot* nach *Puget-Théniers* **(109/D 3)** (Hauptstrecke der Fahrt mit der Dampflokomotive, Hin- und Rückfahrt 100 FF) dauert über 3,5 Std. Man kann auch im modernen Zug in 1,5 Stunden zurückfahren (Preis 140 FF). Der normale Zug verkehrt mehrmals täglich auch werktags auf dieser Strecke. Eine Reservierung für die Fahrt im historischen Zug ist unbedingt erforderlich.

Auskunft: Gare des Chemins de fer de la Provence, 4 bis, rue Alfred Binet, 06000 Nice, Tel. 04 93 82 10 17; Gare de Digneles-Bains, av. Pierre Semard, 04000 Digne, Tel. 04 92 31 01 58, Gare d'Annot, Tel. 04 92 83 20 26, www.annot.com.

DAS MASSIF DES MAURES

(124–125/C–F 1–3) Zwischen Fréjus und Hyères erstreckt sich über eine Länge von etwa 35 km und eine maximale Breite von 20 km das Massif des Maures. An seiner Nordostflanke wird es vom Flusslauf des Argens, im Westen vom Gapeau begrenzt. Im Süden reichen seine Felsabstürze direkt bis ans Meer. Das dicht bewaldete Urgesteinsmassiv – an der Küste Pinien und Kiefern, im Landesinneren vorwiegend Korkeichen und Edelkastanien – umfaßt vier parallel verlaufende Gebirgszüge. Der südlichste von ihnen ist abgesunken; seine höchsten Partien bilden die Hyerischen Inseln. Die höchste Erhebung des Massivs (779 m) weist die vierte und nördlichste Kette auf.

Der Name des Gebirges hat übrigens nichts mit den Mauren zu tun; er dürfte vielmehr vom provenzalischen *maouro* stammen, was »düsterer Wald« bedeutet (und den Nagel auf den Kopf trifft).

BESICHTIGUNGEN

Bormes-les-Mimosas (125/D 3)
Das malerische Bergdorf (3800 Ew.) in traumhafter Hanglage, umgeben von Eukalyptus, Zypressen, Oleander und den Mimosenwäldern, die dem Ort den Namen gegeben haben, ist dank seiner Nähe zur Küste (5 km) ein beliebtes Ausflugsziel.

Cogolin (122/A 5)
Vor der von Weinbergen umgebenen Kleinstadt (5600 Ew.) am Eingang zum Gebirge mit ihrer traditionellen Teppich- und Textilfabrikation liegt heute eine öde Industriezone.

Collobrières (125/D 2)
Weinberge und Wälder von Korkeichen und Edelkastanien umgeben den hübschen Ort, der vor langer Zeit in eine Talsohle hineingebaut wurde.

La Garde-Freinet (121/F 6)
Der alte Schlupfwinkel der Sarazenen in waldreicher Umgebung – hier wachsen viele Esskastanien und Korkeichen.

Grimaud (122/A 4)
Mit seinen malerischen alten Arkadenhäusern einer der anheimelnden Orte (2900 Ew.) der Region, 5 km landeinwärts in einer bukolischen Gegend gelegen. Schöne Aussicht.

Notre-Dame-des-Anges (125/D 1)
In herrlicher Waldgegend eine uralte Einsiedelei. Traumhafter Fernblick aus 760 m Höhe bis zu den Alpen (bei klarem Wetter bis Korsika). Marienwallfahrtsort mit Gästehaus.

RESTAURANTS

La Faücado
Im Sommer wird auch draußen serviert. Klassische Küche. *Grimaud, La Garde-Freinet, bd. Esplanade, Tel. 04 94 43 60 41, geschl. Ende Jan. bis Anf. März, Di, Kategorie 2*

La Pastourelle
Originelle Fischspezialitäten. *Bourmes-les-Mimosas, 41, rue Carnot, Tel. 04 94 71 57 78, geschl. Mitte bis Ende Jan., Di abend, Kategorie 3*

Kirche in Bormes-les-Mimosas

Les Santons
Gourmettempel in einem typisch provenzalischen Ambiente. Reservieren. *Grimaud, Tel. 04 94 43 21 02, geschl. Nov.–März außer Weihnachten, Kategorie 1*

La Terrasse
Die regionale Küche ist einfach, gut und preiswert. *Bormes-les-Mimosas, pl. Gambetta, Tel. 04 94 71 15 22, geschl. Mitte Nov. bis Mitte Jan., Kategorie 3*

EINKAUFEN

In Collobrières gibt es einen guten Rosé, vor allem aber die Spezialität der Gegend, *marrons glacés. Tourte aux herbes* und Kunsthandwerk in Grimaud. Teppiche und Pfeifen in Cogolin.

HOTELS

Coteau Fleuri
Ruhige Gartenlage, Terrasse, Restaurant. *14 Zi., Grimaud, Tel. 04 94 43 20 17, Fax 04 94 43 33 42, Kategorie 2*

Le Grand Hôtel
Eines der preiswertesten Drei-Sterne-Hotels an der Küste, 1903 hoch über dem Dorf gebaut. *60 Zi., Bormes-les-Mimosas, 167, route du Baguier, Tel. 04 94 71 23 72, Fax 04 94 71 51 20, Kategorie 3*

SPIEL UND SPORT

Das waldreiche Gebirge ist für Wanderungen ideal geeignet. Zwei Fernwanderwege *(GR, Sentiers de Grande Randonnée)* führen durch das Gebiet; der GR 9 von Port Grimaud über La Garde-Freinet durch die nördlichen Berge (Roches Blanches, Notre-Dame-des-Anges). Der GR 90 führt von Collobrières zur von Ordensschwestern bewohnten Kartause La Verne. Die Klosteranlage aus dem 12. Jh. wird seit Jahren renoviert und kann besichtigt werden *(März bis Okt. tgl. außer Di 11–17 Uhr, im Sommer bis 18 Uhr, Eintritt 30 FF).*

AUSKUNFT

Offices de Tourisme
Pl. Gambetta, Bormes-les-Mimosas, Tel. 04 94 71 15 17, Fax 04 94 64 79 57
Pl. de la République, Cogolin, Tel. 04 94 54 63 17, Fax 04 94 54 10 20
Bd. des Aliziers, Grimaud, Tel. 04 94 43 26 98, Fax 04 94 43 32 40

DIE SEEALPEN

(**108–111**) Im äußersten Nordosten der Region, an der Grenze zu Italien, rücken die Alpen bis an die Küste vor und heißen daher Seealpen. Keine 50 km von Nizza entfernt führen kurvenreiche Straßen in eine großartige Gebirgslandschaft, die anfangs noch ganz mediterran geprägt ist, in höheren Lagen dann rein alpinen Charakter annimmt.

Im Rücken der Voralpen von Nizza, die bis 1800 m ansteigen, erheben sich die Seealpen und die Mercantour-Gruppe bis über 3000 m. Mehrere Flüsse – Paillon, Vésubie, Bévéra, Roya – stoßen in Nord-Süd-Richtung zur Küste vor und bilden eindrucksvolle Tallandschaften und Schluchten.

ZIELE IN DEN SEEALPEN

Gorges de Daluis/ Gorges du Cians (108–109/B 3–E 3)

Die Schluchten von Daluis werfen auf 7 km Länge ein Schlaglicht auf die Urgewalt des Var-Flusses, der sich zwischen Daluis und Guillaumes tief in leuchtend rotes Felsgestein gegraben hat. Sehenswert die legendenumwobene Brücke *Pont de la Mariée* auf halber Strecke.

Über die 1669 m hoch gelegene Skistation *Valberg* sind die Gorges du Cians zu erreichen. Noch wilder als in der Nachbarschlucht ist die Landschaft hier; die D 28 windet sich durch ein halbes Dutzend Tunnels und öffnet immer wieder neue Perspektiven auf grandiose Naturschauspiele.

Idealer Ausgangspunkt für die beiden Schluchten ist *Entrevaux* an der N 202. Das Dorf (800 Ew.) aus dem 11. Jh. ist heute noch über eine Zugbrücke zu erreichen und wird von einer Zitadelle *(ganzjährig geöffnet, Eintritt 10 FF)* dominiert, die 135 m über den Häusern auf einem Felsplateau herrliche Fernsicht bietet. *Auskunft: Office du Tourisme, Porte Royale, Tel. 04 93 05 46 73, Fax 04 93 05 43 91*

Informationen über und Führungen durch die Schluchten im *Maison de Pays, N 202, 06260 Puget-Théniers, Tel./Fax 04 93 05 05 05.*

Nationalpark Mercantour (Parc National du Mercantour) (110–111/A–E 1–5)

In der Hochgebirgsregion der Départements Alpes-Maritimes und Haute-Provence wurde 1979 der Nationalpark errichtet. Das 685 km^2 große Gelände erstreckt sich über 80 km entlang der italienischen Grenze und reicht in einer Zunge zwischen dem Oberlauf der Vésubie und der Roya weit nach Süden. Der höchste Gipfel des Gebirgsstocks, der Cime du Gélas (3143 m), liegt innerhalb des Parks, der trotz seiner Abgeschiedenheit gut erschlossen ist. Das Wegenetz, darunter die Fernwanderwege GR 5 und GR 52 A, der »Panoramaweg des Mercantour«, umfasst 600 km; Quartier findet man in mehr als einem Dutzend Schutzhütten und Unterkünften. In der herrlichen, unberührten Gebirgslandschaft gedeihen seltene Alpenblumen. Steinböcke, Muffelwild und Gemsen, Murmeltiere und Schneehasen haben hier ihr Revier. Seit kurzem leben im Nationalpark auch wieder Wölfe, die aus Italien eingewandert sind – zur Freude der Naturschützer, aber zum Ärger der Schafhirten. Es gibt Wandertouren mit Führer. *Auskunft: St-Martin-Vésubie, Tel. 04 93 03 23 15*

Vallée des Merveilles (111/D–E 2)

★ Innerhalb des Mercantour-Nationalparks liegt im Bereich des Mont Bégo (2873 m), weitab von jeder Zivilisation, das Vallée des Merveilles, ein Nebental der Roya. In dieser abgeschiedenen

Steinwüste gibt es kaum Pflanzenwuchs; es gibt auch keine Fahrstraße. Exkursionen mit dem Geländewagen werden von Tende und St-Dalmas-de-Tende aus veranstaltet.

Was das »Tal der Wunder« zum Geheimtipp für den Eingeweihten macht, sind rund 40 000 rätselhafte Felsgravuren, die in einer Höhe von 2100 bis 2600 m in große, ebene Platten eingeschnitten wurden. Die Archäologen sind sich zwar einig, dass die Bilder, die zum Großteil aus der frühen Bronzezeit (um 1800 bis 1500 v. Chr.) stammen, ein religiöses Gefühl ausdrücken, aber bisher hat es noch niemand geschafft, eine schlüssige Interpretation zu liefern.

Vésubie-Tal **(110/A–C 2–6)**
Die zwei Quellbäche der Vésubie, eines linken Nebenflusses des Var, entspringen in 2500 m Seehöhe im Mercantour-Gebirge nahe der italienischen Grenze. An ihrem Zusammenfluss liegt in 960 m Seehöhe *St-Martin-Vésubie.* Das hübsche Bergdorf (1100 Ew.) ist Ausgangspunkt für Berg- und Klettertouren in der Umgebung. Der Oberlauf des Flusses führt durch alpines Gelände mit Almen und Nadelwäldern. Im Mittellauf setzt sich dann bereits der mediterrane Einfluss durch, mit Weinbergen und Olivenhainen. Auf dem letzten Abschnitt vor der Mündung in den Var formte der Fluss die ★ *Gorges de la Vésubie,* eine Felsschlucht mit senkrechten Wänden. Unweit vom Eingang der Schlucht liegt hoch über dem Flusstal, durch das die Straße führt, das Bergdorf Utelle. Weiter bergauf geht es nach *La Madone d'Utelle,* Wallfahrtsort (2. Juli, 15. Aug., 8. Sept.) seit dem 9. Jh. Die 1806 erbaute Kirche ist unbedeutend, überwältigend jedoch der Blick über die Alpen und das Meer.

Wald von Turini **(111/D 4)**
In einer Landschaft, die an das Alpenvorland erinnert, breitet sich auf einer Fläche von 3500 ha ein Wald aus, der bei dem Besucher aus Mitteleuropa heimatliche Gefühle weckt: Fichten, Tannen, Kiefern, Buchen und Ahorn, in höheren Lagen auch Lärchen.

VENCE

(118/B 2–3) Inmitten einer fruchtbaren Landschaft mit Weinbergen und ausgedehnten Obst- und Blumenkulturen, landeinwärts zwischen Nizza und Antibes gelegen, hat die alte Bischofsstadt (15 000 Ew.), eine römische Gründung, als einer der ersten Orte an der Côte d'Azur Künstler angezogen: Hier lebten die berühmten französischen Maler Marc Chagall, Raoul Dufy, Henri Matisse und der Schriftsteller Paul Valéry.

BESICHTIGUNGEN

Altstadt
Die Altstadt von Vence liegt malerisch auf einem Felsplateau. Teile der elliptischen Stadtmauer (13. Jh.) und die fünf Stadttore (15.–18. Jh.) sind erhalten. Der Haupteingang wird überragt von einem mächtigen viereckigen Turm neben dem Schloss der einstigen Herren von Vence (15. Jh.). Die Altstadt mit ihren Läden und Kunstwerkstätten

weist einige hübsche Plätze auf, so die Place de Peyra unmittelbar hinter dem Stadttor mit ihrem schönen urnenförmigen Brunnen. Auch die einstige Kathedrale ist sehenswert. Sie besitzt ein Taufbecken mit einem Mosaik von Marc Chagall und ein interessantes Chorgestühl (15. Jh.).

Rosenkranzkapelle (Chapelle du Rosaire; Chapelle Matisse)
★ Etwas außerhalb der Stadt steht die Kapelle der Dominikanerinnen, die Henri Matisse 1947 bis 1951 entwarf und ausstattete, von der äußeren Form bis zum kleinsten innenarchitektonischen Detail – Einrichtung, Glasfenster, Wandzeichnungen: ein Gesamtkunstwerk besonderer Art, das vor allem Matisse-Liebhaber immer wieder anlockt. *Av. Henri Matisse, Führungen Di, Do 10–11.30, 14.30–17.30, Juli, Aug. auch Mi, Fr und Sa 14.30 bis 17 Uhr, geschl. 1. Nov.–13. Dez.*

RESTAURANTS

L'Auberge des Seigneurs
Traditioneller provenzalischer Gasthof in ruhiger Lage, nah beim Schloss. Die zehn Zimmer der Herberge sind nach berühmten Malern benannt. *Di mittags und Mo geschl., pl. du Frêne, Tel 04 93 58 04 24, Fax 04 93 24 08 01, Kategorie 2*

La Farigoule
Provenzalische Küche. *Geschl. Fr, Sa mittags, 15, rue Henri Isnar, Tel. 04 93 58 01 27, Kategorie 3*

EINKAUFEN

Kunsthandwerk findet man in reicher Auswahl; eventuell auch Werke bildender Künstler, die in den zahlreichen Galerien der Stadt ausgestellt sind. Auch gute Weine (La Gaude, St-Jeannet), Schnittblumen und Obst.

HOTELS

Château du Domaine St-Martin
Etwas außerhalb mit schönsten Blicken auf Vence in einem alten Tempelritter-Schloss, äußerst modern adaptiert. Schöner Garten, ruhig und exklusiv. *38 Zi., über die D 2 2,5 km nach Norden, Tel. 04 93 58 02 02, Fax 04 93 24 08 91, geschl. Mitte Okt. bis Mitte März, Kategorie L*

Miramar
Hotel inmitten einer ruhigen Gartenlage am Rand des Plateaus, Fernsicht, aber leider kein Restaurant. *17 Zi., rue St-Michel, Tel. 04 93 58 01 32, Fax 04 93 58 20 22, Kategorie 2–3*

AUSKUNFT

Office de Tourisme
Pl. du Grand-Jardin, Tel. 04 93 58 06 38, Fax 04 93 58 91 81

ZIELE IN DER UMGEBUNG

Col de Vence (118/A 2)
10 km nach Norden führt die D 2 zum Pass von Vence, 970 m hoch. Großartige Aussicht über die ganze Küste und weit ins Land hinein.

St-Paul-de-Vence (118/B 3)
Das Städtchen (3000 Ew.) in malerischer Höhenlage oberhalb des Flusstals des Var, 4 km von Vence entfernt, gehörte einst zum Kranz der französischen Grenzfesten gegenüber Savoyen-

Hier finden Architektur und Kunst zusammen: Fondation Maeght in St-Paul

Piemont. Hinter seiner fast unversehrten Stadtmauer aus dem 16.Jh. hat St-Paul sich seinen mittelalterlichen Charakter bewahren können. Während der Fußball-Weltmeisterschaft 1998 war das Hotel *Mas d'Artigny (Route de la Colle, 83 Zi., Tel. 04 93 32 84 54, Fax 04 93 32 95 36, www.french-riviera.fr/hotels/P/Paul Mas.html, Kategorie 1–2)* in St-Paul Quartier für die deutsche Nationalmannschaft.

Hauptattraktion ist die etwas außerhalb gelegene ★ *Fondation Maeght,* eine der weltweit bedeutendsten Sammlungen moderner Kunst, ein Museum, das selbst ein Kunstwerk ist. Das Gebäude des spanischen Architekten Josep Lluis Sert aus rotem Backstein und hellem Beton fügt sich harmonisch in die Landschaft ein, die gleichsam als architektonisches Element in den weiten Ausstellungsbereich einbezogen ist. Große Künstler, von Miró bis Calder, haben an dem Bau und seiner Ausstattung mitgewirkt. Der Fundus des Museums umfasst alle großen Namen der Moderne, mit Schwerpunkt Frankreich. *Tgl. 10–12.30, 14.30–18, Juli–Sept. 10–19 Uhr, Eintritt 40 FF*

Das wohl berühmteste Restaurant der gesamten Küste ist die legendäre *Colombe d'Or* mit ihrer unvergleichlichen Gemäldesammlung moderner Meister, die hier einst tafelten. *16 Zi., 10 Appartements, Tel. 04 93 32 80 02, Fax 04 93 32 77 78, Kategorie 1*

Auskunft: Syndicat d'Initiative, Maison Tour, rue Grande, Tel. 04 93 32 86 95, Fax 04 93 58 91 81

VILLAGES PERCHÉS

Eine besondere Attraktion des Hinterlandes der Côte d'Azur sind die Dörfer, die wie Adlerhorste an steilen Hängen kleben oder hoch oben auf Felsplateaus und Hügelkuppen kauern, häufig im Schutz einer Burg. Erbaut aus erdfarbenem Bruchstein, die Dächer oft mit Schieferplatten gedeckt, heben sich die Häuser nur wenig von ihrer Umgebung ab. Ursprünglich waren sie richtige Fluchtstätten, erbaut zur

Abwehr der ständigen Überfälle durch Seeräuber und Marodeure. Darum haben viele der Orte, obwohl sie nie das Stadtrecht besaßen, eine Umwallung, die häufig noch erhalten ist. Im Inneren des Mauergürtels schmiegen sich die Häuser aneinander im Gewirr mittelalterlicher Straßenzüge, die oft genug in steilen Treppen enden.

Es folgt eine kleine Auswahl der attraktivsten Orte, von denen einige auch im Kapitel Routen an der Côte d'Azur Erwähnung finden.

Gourdon **(117/F 2)**
Im Hinterland von Grasse hockt das alte Sarazenennest mit seiner Burg auf einem Felssporn 758 m hoch über dem Loup. In dem kleinen, im Sommer überfüllten Touristenort wird an jeder Ecke in Souvenirläden Kunsthandwerk angeboten.

Gréolières **(109/D–E 6)**
Gleichfalls im Hochtal des Loup in 800 m Seehöhe gelegen, war der Ort einst eine wichtige Festung. Sehenswert ist die romanische Kirche mit ihrem schönen Altarbild. Der winzige Wintersportort *Gréolières-sur-Neige* (1450 m) an den Hängen des Cheiron ist das südlichste Skizentrum der Alpen.

Lucéram **(112/A 3)**
Im Hinterland von Nizza drängt sich das Bergdorf zwischen zwei Schluchten an eine Steilwand. In der Pfarrkirche (Rokoko mit romanisch-gotischem Kern) eine großartige Retabel-Sammlung der Schule von Nizza (um 1500). Schauplatz der »Hirten-Weihnacht«.

Peillon **(119/E 1)**
★ Das angeblich schönste Bergdorf der Provence liegt wie das nahe *Peille* wildromantisch im Flussgebiet des Paillon in den Voralpen oberhalb von Monaco. In der Kapelle der weißen Büßer *(Chapelle des Pénitents Blancs)* großartige Fresken von Giovanni Canavesio (Schule von Nizza, um 1485).

Saorge **(111/F 3)**
Das Dorf mit seinen beiden Burgen, 150 m über der Schlucht Gorges de Saorge gelegen, war lange Zeit Kontrollpunkt für die Straße von Nizza nach Turin. Es steht heute zu Recht unter Denkmalschutz. Ein Spaziergang durch die kleine Bergstadt lohnt sich: Die mittelalterlichen Häuser, die die kleinen Gassen säumen, sind bis zu zehn Stockwerke hoch. Die Pfarrkirche mit ihrem barocken Inneren erinnert an eine Säulenbasilika. Aus dem 11. Jh. stammt die Kirche Madonna-del-Poggio mit dem schlanken, sechsstöckigen Glockenturm. Im 17. Jh. wurde das Franziskanerkloster mit seiner jüngst renovierten Fassade gebaut. Zwischen Dorf und Kloster liegt das Restaurant *Lou Pountin, rue Revelli, Tel. 04 93 04 54 90, Mi geschl., Kategorie 3,* mit kühlem Speiseraum und sonniger Terrasse.

Tourrettes-sur-Loup **(118/A 3)**
Der romantische Flecken unweit von Vence, mit seinen 3500 Einwohnern beträchtlich größer als die übrigen »villages perchés«, die meist nur 300–500 Einwohner zählen, ist in den letzten Jahrzehnten zu einem Zentrum des provenzalischen Kunsthandwerks geworden.

Traumstraßen an der Traumküste Europas

Die hier beschriebenen Routen sind in der Übersichtskarte im vorderen Umschlag und im Reiseatlas ab Seite 108 grün markiert

① IM LAND DER DÜFTE VON GRASSE NACH ANTIBES

Rosen und Veilchen, Orangen und Zitronen, Ginster und Mimosen. Die Region um Grasse ist das Land der Düfte, die Stadt selbst Mittelpunkt einer Route, die auf knapp 75 km an einem Tag alle Kontraste der Côte d'Azur wie unter einer Lupe bietet: Wilde Schluchten und Bergdörfer in atemberaubender Höhe, Tempel der modernen Kunst von Weltruf, blaues Meer mit gepflegten Sandstränden, mittelalterliche Burgen und moderne Feriensiedlungen, Großstadttrubel und menschenleere Wälder.

Parfums gibt es seit 3000 Jahren, aber *Grasse (S. 79ff.)* ist erst im 17. Jh. zur Welthauptstadt der verführerischen Düfte geworden. In der mittelalterlichen Stadt mit dem Mikroklima, in dem selbst die zartesten Pflanzen gedeihen, werden heute noch die Parfums der großen Couturiers in Frankreich kreiert – in Labors, die der Öffentlichkeit nicht zugänglich sind, versteht sich. Bereitwillig öffnen dagegen die drei großen Parfumhäuser Fragonard, Molinard und Galimard ihre Produktionsstätten. Fragonard, die älteste und größte Fabrik der Stadt, gibt einen Einblick in die Herstellung der duftenden Essenzen. Im ersten Stock des Unternehmens wurde ein Museum eingerichtet, das die Geschichte der Parfumflakons durch die Jahrhunderte nachzeichnet *(S. 80)*. Grasse, nur knapp 20 km vom Meer entfernt, wurde durch die Parfumindustrie zum wohlhabenden Ort. Die Hügel rundherum sind fast vollständig bebaut. 6 km nordöstlich von Grasse zweigt die D 3 in Richtung Norden ab. Nun geht es hinein in die Berge. Man will es zuerst gar nicht glauben, aber hoch auf dem Felsen, der hinter den Kurven immer wieder auftaucht, liegt tatsächlich ein Dorf. *Gourdon (S. 88)* heißt das Nest, das um ein Schloss auf den Fundamenten einer sarazenischen Festung gebaut wurde. Auch dort oben wird Parfum hergestellt. Dass auch auf den Bergen zarte Pflanzen gedeihen, beweist der Garten des Schlosses, den einst Le Nôtre angelegt hat und der heute teilweise als botanische Forschungsstation genutzt wird. Gourdon ist eines der vielen Bergdörfer im Hinterland der Côte d'Azur, die nur überlebt haben, weil sie sich dem Tourismus geöffnet haben: mit all jenen Nachteilen, die Dutzende von Souvenirläden mit Kunsthandwerk in alten Mauern leider mit sich bringen. Mehr Charakter konnte sich *Tourrettes-sur-Loup (S. 88)* bewahren, knapp über 5 km Luftlinie von Gourdon entfernt, aber nur über die kurvenreiche Straße und die Brücke von Bramafan hoch über der Schlucht des Loup zu erreichen. Der Umweg entschädigt mit spektakulären Wasserfällen wie der 70 m hohen *Cascade de Courmes (S. 81)* und einer Fabrik für kandierte Früchte, die Naschkatzen in Pont du Loup am Ausgang der Schlucht garantiert zur Pause verführt. Tourrettes-sur-Loup, dessen mittelalterlicher Kern sorgfältig erhalten ist, gilt als Hauptstadt der Veilchen, die auch heute noch an die Parfumfabriken in Grasse verkauft werden.

Bis in die 60er Jahre hinein ist auch *Vence (S. 85 ff.)*, 5 km weiter nach Osten durch Olivenhaine, Pinienwälder und Veilchenfelder auf der D 2210, noch ein kleines Dorf geblieben. Aber nachdem sich nach dem Zweiten Weltkrieg namhafte Künstler wie Jean Cocteau, Henri Matisse und Marc Chagall in dem damals 6000 Köpfe zählenden Ort niedergelassen hatten, war es bald mit der Ruhe vorbei. Die Altstadt, auf einem Felsplateau gelegen, ist trotzdem noch weitgehend intakt geblieben. Etwas außerhalb liegt die Rosenkranzkapelle *(S. 86)*, die Henri Matisse ausstattete. Der Maler, dem heute in Nizza ein eigenes Museum gewidmet ist, war 1945 einer der ersten Schützlinge des Galeristenpaares Marguerite und Aimé Maeght, das sich in *St-Paul*, keine 5 km von Vence entfernt, einen Traum erfüllte. Die *Fondation Maeght (S. 87)*, eine der ersten privaten Stiftungen überhaupt in Europa, ist die Frucht der Begegnung von Kunst, Natur und Künstlern und seit ihrer Eröffnung 1964 einer der bekanntesten Wallfahrtsorte für die Anhänger moderner Kunst. Jahr für Jahr zieht die Stiftung 250 000 Besucher an.

Von St-Paul sind es nur 10 km bis ans Meer, bis an den Strand von *Cagnes-sur-Mer (S. 48)* mit der Pferderennbahn fast direkt am Wasser. Nur ein Katzensprung ist es bis nach *Antibes (S. 59 ff.)*, einer der sympathischsten Städte der Côte d'Azur mit einer das ganze Jahr über lebendigen Altstadt. Ein Kuriosum ist die *commune libre du Safranier*, wie der Montmartre in Paris ein Freistaat in der Stadt, seit 1966 mit eigenem Bürgermeister und Festkomitee. Ein Platz in dem Viertel ist nach dem Schriftsteller Nikos Kazantzakis (»Zorbas«) benannt, der gesagt haben soll, in Antibes fühle er sich immer noch wie in Griechenland. Von den Festungsmauern unweit des mittelalterlichen Grimaldi-Schlosses, das heute das Picasso-Museum beherbergt, ist der Blick vor allem im Winter einfach überwältigend: das blaue Meer der Engelsbucht, daneben die futuristische Feriensiedlung *Marina Baie des Anges (S. 48)*, die Silhouette von Nizza und darüber die schneebedeckten Gipfel der Seealpen.

② KÜSTENWANDERWEG AUF DER HALBINSEL VON SAINT-TROPEZ

Der Sentier littoral, der gelb markierte, 19 km lange Küstenwanderweg von Cavalaire zum Cap Camarat auf der Halbinsel von Saint-Tropez, ist mehr als nur ein Symbol für Umweltbewußtsein im Département Var, das die meisten Touristen nach Südfrankreich lockt. Die Wanderung durch wilde, romantische Landschaft ist in knapp 6 Std. zu schaffen.

Ausgangspunkt für den Wanderweg mit Blick auf Himmel und Meer ist das Denkmal zur Landung der Alliierten am 15. Aug. 1944 im äußersten Osten des Strandes von *La Croix-Valmer.* Von dort geht es bis zur Pointe de la Bouillabaisse. Der Sentier littoral, einst fast ausschließlich von den Zöllnern benutzt, führt durch felsiges Gelände durch einen Mimosenwald bis zum Strand von *Héraclée.* Im Sommer ist es überhaupt kein Problem, durch das praktisch trockene Bachbett im Valescure-Tal zum beliebten Gigaro-Strand *(le Mas de Gigaro)* zu kommen. Der dann folgende Weg ist Eigentum des *Conservatoire du Littoral,* einer staatlichen Organisation, die sich seit 1975 den Schutz der Küste vor Zersiedlung auf die Fahne geschrieben hat. Im Département Var sind über 3 000 ha Fläche aufgekauft worden. Der 290 ha große Küstenstreifen vom Mas du Gigaro bis zur Halbinsel Cap Taillat ist heute ein öffentlich zugängiges Schutzgebiet. Seit 1978 aufgegeben sind die Pläne, am Südzipfel der Halbinsel von St-Tropez eine Feriensiedlung mit Yachthafen zu bauen. Der Felsen mit den Aleppokiefern- und Korkeichenwäldern bleibt ein Nistplatz für Schwarzdrosseln, Grünspechte, Spatzen oder Seemöwen. Auch ungeübte Wanderer schaffen ohne Probleme den Aufstieg zur 150 m hohen *Pointe Andati,* auf der noch die Reste eines Leuchtturms zu sehen sind. Wer beim Wandern eine Badepause machen möchte, muss noch das *Cap Lardier* umrunden. Die Geduld wird belohnt, entweder am Strand der *Bastide Blanche* oder, einen knappen Kilometer weiter, zu beiden Seiten der Halbinsel mit dem *Cap Taillat.* Dort gibt es sogar einen kleinen Sandstrand. Noch bis weit in den Herbst hinein räkeln sich Sonnenanbeter auf den Felsen, auf denen sich einst der Zoll sein festes Domizil gebaut hatte. Zwischen zwei Felsen führt der Sentier littoral hoch über idyllischen, auch im Sommer nie überfüllten Badebuchten zum Strand von *Escalet,* der mit dem Auto von St-Tropez aus erreichbar ist. Das Touristenzentrum lässt grüßen, die ersten Wohnsiedlungen tauchen auf. Das sich anschließende *Cap Camarat* mit seiner wunderschönen Aussichtsplattform ist Eigentum des Conservatoire du Littoral und damit vor Immobilienspekulation geschützt. Bei klarem Wetter ist von hier aus im Norden die Bergkette des Mercantour zu sehen. Vom Cap Camarat aus ist sogar der Weg bis in die Gefilde von St-Tropez als Sentier littoral ausgewiesen. Vom Parkplatz des Leuchtturms *(phare)* aus führt der Küstenwanderpfad hinter der *Pointe de la Bonne Terrasse* zum 3 km langen Strand von *Pampelonne* mitten hinein ins mondäne Badeleben.

③ FREIZEITSPORT IM TAL DER ROYA

Das Hinterland der Côte d'Azur wacht auf. Selbst im Sommer verschafft ein Ausflug von Menton ins Tal der Roya kühle Luft. Das Tal hat sich in den letzten Jahren eine Infrastruktur für Freizeitsport zugelegt. Kajakfahren, Canyoning, Wandern im Nationalpark, Klettern auf einer *Via Ferrata* und sogar Golfspielen – auf knapp 30 km einfacher Strecke ist alles möglich. Für die Anfahrt von Menton aus über Ventimiglia oder Sospel sind noch einmal 40 km zu veranschlagen. Dauer der Route: 1–2 Tage, für jene, die Sport treiben wollen, entsprechend länger.

Von Menton aus führt die kurvenreiche D 2566 durch das Vallée du Caraï nach *Sospel.* Das Wahrzeichen der zweitgrößten Stadt der Grafschaft Nizza ist die Brücke aus dem 15. Jh., früher eine Mautstelle an der *Route du Sel,* der Salzstraße. Die Brücke wurde im Zweiten Weltkrieg zerstört, 1953 aber mit Steinen aus dem Bett des Bévéra-Flusses neu aufgebaut. Sehenswert ist die Kathedrale St-Michel auf einem Platz, der von mittelalterlichen Arkadenhäusern umgeben ist. Von Sospel führt die D 2204 über den 879 m hohen Col de Brouis an das Ufer der Roya.

Ausgangspunkt für die Sporttour im Roya-Hochtal ist *Breil-sur-Roya.* Das Dorf liegt an beiden Ufern des Bergflusses, der hier zu einem künstlichen See aufgestaut ist. Das lokale Verkehrsamt *(Pl. Biancheri, 06450 Breil, Tel. 04 93 04 99 76)* vermittelt Kajakkurse oder Canyoning-Ausflüge in die Schluchten der Umgebung. Ein paar Kilometer flußaufwärts liegt der Ort *Saorge* *(S. 88)*, eines der schönsten französischen Felsendörfer. Von Saorge aus kann man schöne Wanderungen im Nationalpark des Mercantour *(S. 84)* machen.

Letzter Schrei in Sachen Abenteuer in den Südalpen ist die *Via Ferrata,* der italienische Ausdruck für Kletterrouten in schwindelerregender Höhe, die voll ausgestattet sind mit Steigeisen, Leitern, Stegen und Brücken. Hoch über dem Bergdorf *Tende* ist zwischen zwei Felsen der 20 m lange und 40 cm breite Steg schon von weitem als Wahrzeichen der im Sommer 1997 eröffneten *Via Ferrata des Comtes Lascaris* zu sehen. Sahnehaube der Via Ferrata ist der Anstieg zur 270 m hoch gelegenen *Grotte des Hérétiques,* in der sich im 16. Jh. die verfolgten Hugenotten versammelten *(Auskünfte und Führungen über das Bureau des Guides du Val des Merveilles, 18, rue de France, 06430 Tende, Tel. 04 93 04 77 73).*

Den wahrhaft unvergleichlichen Charme der Bergwelt hat für Golfgenießer, die beim Einputten nicht unbedingt das Meer sehen wollen, der Golfplatz von *Vievola (Tel. 04 93 04 61 02)* zwischen Tende und der italienischen Grenze, der allerdings als 19-Loch-Anlage betrieben wird. Zurück an die Küste nach Menton führt der schnellste Weg von Breil-sur-Roya über die französische N 204 zur Grenze und die italienische N 20 über *Ventimiglia.* Die Grenzstadt ist bei Franzosen als Einkaufsparadies für günstige Alkoholika beliebt. Am Meer entlang führt die Via Aurelia zurück nach Frankreich.

Von Auskunft bis Zoll

Hier finden Sie kurz gefasst die wichtigsten Adressen und Informationen für Ihre Reise an die Côte d'Azur

AUSKUNFT

Französisches Fremdenverkehrsamt

– *Westendstr. 47, 60325 Frankfurt am Main, Tel. 069/97 58 01 31, Fax 74 55 56*

– *Argentinier Str. 41, 1040 Wien, Tel. 01/5032890, Fax 01/5032871*

– *Löwenstr. 59, 8023 Zürich, Tel. 01/2113085, Fax 01/2121644*

Für alle drei Länder: www.maison-de-la-france.com

Comité Régional du Tourisme Riviera – Côte d'Azur

55, promenade des Anglais, F-06000 Nice, Tel. 0493377878, Fax 0493860106, www.crt-riviera.fr

Comité Régional du Tourisme Provence-Alpes – Côte d'Azur

Les Docks, 10, pl. de la Joilette, Atrium 10.5, 13567 Marseille, Tel. 04 91 56 47 00, Fax 04 91 56 47 01

AUTO

Zunächst eine generelle Warnung: Die Küstenstraßen sind zumal in der Hauptsaison Juli/Aug. übervoll, vor allem die Küstenstraße N 98 und die Haupttransversale N 7. Die Autobahn ist mautpflichtig. Höchstgeschwindigkeiten: Autobahn 130, bei Regen 110 km/h; Schnellstraßen 110, bei Regen 100 km/h; National- und Départementstraßen (N, D) 90, bei Regen 80 km/h; in Ortschaften 50 km/h. Promillegrenze 0,5.

Wer in eine Polizeikontrolle gerät, muss schon bei geringen Tempoüberschreitungen hohe Geldbußen zahlen. Pannenhilfe: Abschleppen *(dépanneur-remorqueur)* wird von der Polizei vermittelt, Notrufsäule oder Rufnummer 17. ADAC-Auslandsnotruf in München berät auch Nichtmitglieder über *Tel. 0049/89 22 22 22* rund um die Uhr.

Verkehrsunfall: Die Polizei muss nur bei Personenschaden eingreifen. Nehmen Sie unbedingt die internationale grüne Versicherungskarte mit.

BANKEN

Die Öffnungszeiten sind vorwiegend Mo–Fr 8.30–12 und 14 bis 17 Uhr. In manchen Orten Mo geschlossen, dafür Sa bis 16 Uhr geöffnet. Ebenso unterschiedlich sind Service, Wechselkurse und Gebühren. Geldabheben per Postsparbuch ist am billigsten. Geldautomaten findet man allerorts. Kreditkarten werden nicht nur in großen Hotels und Restaurants, sondern in vielen Geschäften, Supermärkten und Autobahnzahlstellen *(péage)* oder Tankstellen angenommen *(Eurocard, Visa)*.

BUSSE

Von den Französischen Staatsbahnen (SNCF) und privaten Unternehmern wird ein dichtes Busnetz aufrechterhalten. Auskunft über Linien und Preise geben die Verkehrsämter *(Office de tourisme)*. Neben dem Linienverkehr werden vor allem in den größeren Touristenzentren Ausflugsfahrten aller Art angeboten, so dass Sie nicht unbedingt ein eigenes Auto benötigen.

CAMPING

An der Côte d'Azur gibt es an die 150 Campingplätze aller Kategorien. Beliebt bei Familien ist »Camping auf dem Bauernhof« *(Camping à la ferme)*. Wildes Camping ist nicht erlaubt. In der Hochsaison ist in den Zentren Vorbestellung ratsam. Hilfreich dabei ist immer der ADAC-Campingführer.

DIPLOMATISCHE VERTRETUNG

Konsulat der Bundesrepublik Deutschland
34, av. Henri Matisse, F-06200 Nice, Tel. 04 93 83 55 25, Fax 04 93 83 05 50

Österreichisches Konsulat
6, av. de Verdun, F-06000 Nice, Tel. 04 93 87 01 31

Viele Strände und kleinere Badebuchten an der Côte d'Azur sind für FKK freigegeben

Schweizer Konsulat
13, rue Alphonse Karr, F-06000 Nice, Tel. 04 93 88 85 09, Fax 04 93 88 52 47

FKK (NATURISME)

An der Côte d'Azur ist die Freikörperkultur seit 1931 heimisch (Héliopolis auf der Ile de Levant). Heute gibt es in mehreren Badeorten eigene *centres des nudistes.* Oben ohne ist an der Küste fast selbstverständlich; Freikörperstrände tragen den Hinweis »naturistes«.

GESUNDHEIT

Krankenhäuser und Apotheken in den größeren Orten haben Notdienste rund um die Uhr. Die Polizei *(Tel. 17)* vermittelt.

Deutsche und österreichische Versicherte können die französische Krankenversicherung in Anspruch nehmen. Sie müssen zwar zunächst für die medizinische Hilfe bezahlen, bekommen Ihre Auslagen aber problemlos zu Hause zurückerstattet.

GOLF

An der Côte d'Azur gibt es über zwei Dutzend schön gelegene Golfplätze, die von international bekannten Architekten angelegt wurden. Die ausführliche Broschüre *Destination Golf Côte d'Azur* ist auch in deutscher Sprache über das *Comité Régional du Tourisme* in Marseille oder Nizza zu beziehen.

HAUSTIERE

Zur Einreise von Hunden und Katzen (Mindestalter drei Monate) brauchen Sie in jedem Fall eine tierärztliche Bescheinigung (die nicht älter als ein Jahr sein darf), dass der Hund gegen Tollwut, Staupe und Hepatitis geimpft ist. Die Katze muss gegen Tollwut und Katzenseuche geimpft sein.

JUGENDHERBERGEN

Es gibt insgesamt nur elf Jugendherbergen, Jugendhotels und Ferienzentren mit insgesamt 2400 Betten in Mehrbettzimmern und Schlafsälen, davon allein 1200 im *Centre International, Valbonne, Tel. 04 93 65 33 34.* Besonders in der Hochsaison unbedingt schriftlich vorbestellen! Voraussetzung dazu: der internationale Jugendherbergsausweis (keine Altersbegrenzung).

Ausführliche Auskünfte erteilen die Jugendherbergsverbände zu Hause oder die französische *Fédération Unie des Auberges de Jeunesse, 6, rue Mesnil, F-75116 Paris, Tel. 01 42 85 55 40* und *01 44 89 87 27, www.fuaj.org*

POST

Briefe (20 g) und Postkarten in EU-Länder und die Schweiz kosten 3 FF. In Monaco gilt derselbe Preis, wenn auch mit eigenen Briefmarken. Die Postämter sind geöffnet wie in Deutschland; Briefmarken gibt es auch im Tabakgeschäft oder am besten gleich beim Kauf der Postkarte.

PRIVATUNTERKUNFT

Wer Kontakt zur Bevölkerung sucht und/oder gern billiger wohnen will: Privatquartiere auf dem Land werden vermittelt von

Gîtes de France (Ferienwohnungen) und *Chambres d'Hôtes* (Fremdenzimmer). Listen gibt es in den Fremdenverkehrsbüros oder direkt: *Maison des Gîtes de France, 59, rue St-Lazare, 75009 Paris, Tel. 01 49 70 75 75, Fax 01 49 70 75 76, www.gites-de-france.fr*

REISEZEIT

Die beste Reisezeit sind die Monate Mai, Juni und September. In dieser Zeit sind die Hotels und Strände nicht allzu überfüllt, außerdem ist es nicht ganz so heiß. Oder Sie reisen wie die Engländer vor 100 Jahren zur Mimosenblüte ab Ende Januar.

Viele Restaurants und Hotels machen mehrere Wochen Winterpause. Sollten Sie in der kälteren Jahreszeit reisen, empfiehlt sich ein vorheriger Anruf im gewünschten Haus. Auch manche Museen haben im November geschlossen.

STROMSPANNUNG

220 Volt. Deutsche Stecker passen häufig nicht in französische Steckdosen, da hilft ein Adapter.

TELEFON

Telefonieren von der Zelle aus 1 FF für Ortsgespräche. Fast alle Telefonzellen sind bereits auf Karten umgestellt, die am Postschalter oder in Tabakläden verkauft werden. Wenn Sie nach Hause telefonieren wollen, müssen Sie zuerst die Vorwahl 00 wählen, dann die Länderkennzahl (D: 49, A: 43, CH: 41), dann die Ortsvorwahl ohne »0«, dann die Rufnummer.

Vorwahl nach Frankreich: 0033, dann die Rufnummer ohne die 0 vorweg (keine Vorwahl innerhalb Frankreichs nötig).

An der Côte d'Azur fährt der Koch oft noch selbst zum Einkaufen

TRINKGELD

Bei verschiedenen Gelegenheiten sollte man Trinkgeld *(pourboire)* geben: Im Restaurant oder Café wird nach oben um bis zu zehn Prozent aufgerundet; den Betrag lässt man auf dem Tisch liegen. Im Hotel gibt man bei besonderen Dienstleistungen ein Trinkgeld, ebenso dem Zimmermädchen (pro Woche etwa 50 FF). Im Taxi sind zehn Prozent üblich. Eine französische Eigenheit ist das Trinkgeld für die Platzanweiserin im Kino (2–3 FF). Beim Friseur legt man ein paar Francs in das Schälchen bei der Kasse.

ZEITUNGEN

Die größten regionalen Tageszeitungen sind *Nice Matin* und *Var Matin*. Daneben gibt es in allen größeren Orten deutschsprachige Zeitungen und Illustrierte. Eine Besonderheit ist die in Menton erscheinende Monatszeitschrift *Riviera-Côte d'Azur Zeitung (www.rczeitung.com)* in deutscher Sprache mit vielen praktischen Informationen über die Côte d'Azur.

ZOLL

Innerhalb der EU dürfen Waren für den persönlichen Bedarf frei ein- und ausgeführt werden, z. B. bis zu 800 Zigaretten, 90 Liter Wein und 10 Liter Spirituosen. Für Schweizer gilt: Waren bis zu einem Gesamtwert von 200 sfr, plus 200 Zigaretten oder 50 Zigarren oder 250 g Tabak; 1 l Spirituosen über oder 2 l unter 15 Prozent sowie zwei Liter Wein.

WETTER IN NIZZA

Die monatlichen Durchschnittswerte im Überblick

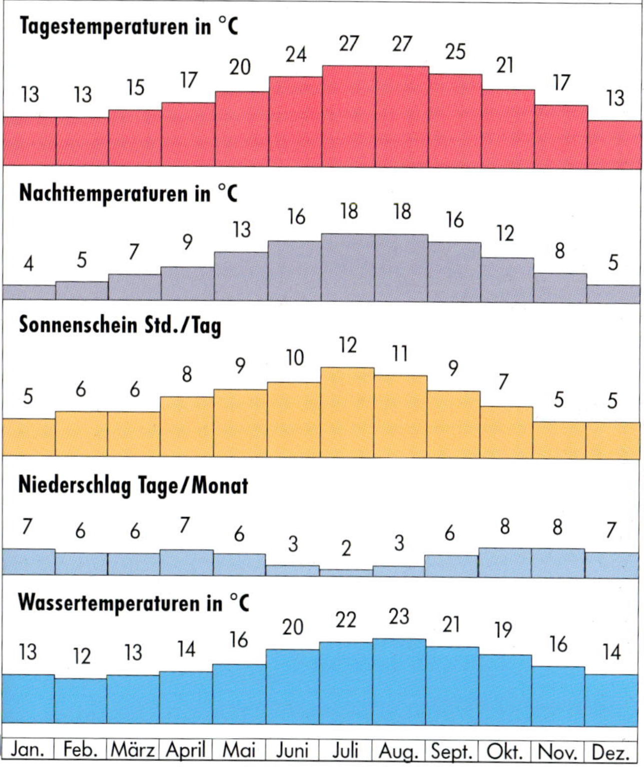

	Jan.	Feb.	März	April	Mai	Juni	Juli	Aug.	Sept.	Okt.	Nov.	Dez.
Tagestemperaturen in °C	13	13	15	17	20	24	27	27	25	21	17	13
Nachttemperaturen in °C	4	5	7	9	13	16	18	18	16	12	8	5
Sonnenschein Std./Tag	5	6	6	8	9	10	12	11	9	7	5	5
Niederschlag Tage/Monat	7	6	6	7	6	3	2	3	6	8	8	7
Wassertemperaturen in °C	13	12	13	14	16	20	22	23	21	19	16	14

Bloß nicht!

Sei es ein unkontrollierter Casino-Besuch oder ein zweifelhaftes Kaufangebot – hier erfahren Sie, was es zu meiden gilt

Wertsachen im Auto lassen
Die Côte d'Azur ist für den Reisenden eine Landschaft von paradiesischer Schönheit. Aber auch hier gibt es soziale Probleme und Armut. Autos mit ausländischem Kennzeichen sind daher Zielscheibe für Diebe. Auf keinen Fall Wertsachen im Wagen sichtbar liegen lassen und das Autoradio am besten ausbauen. Übrigens: Der Handtaschenraub auch aus besetztem Auto ist eine neue Masche der Langfinger. Also nicht vergessen, bei Zentralverriegelung die hinteren Autotüren per Hand zu schließen.

Casino-Urlaub machen
Nirgendwo in Europa gibt es mehr Casinos pro Quadratkilometer als an der Côte d'Azur. Da ist die Versuchung groß, in der Spielbank die Urlaubskasse ein wenig aufzubessern. Lassen Sie die Finger davon! Das kann nur schlecht ausgehen. Wenn schon ein Casino-Besuch, dann nur nach dem Motto: Den Spaß lasse ich mir so und so viel kosten. Ist das vorgegebene Limit verspielt, dann nichts wie weg und nach Hause!

Kunst ungeprüft kaufen
Beim Kauf von »Kunstwerken« ist Vorsicht geboten. Vor allem das Hinterland der Côte d'Azur gleicht heute in manchen Partien einem einzigen riesigen Souvenirladen. Unter der Flagge der Kunst segelt da – auch in der Nachfolge von Picassos Töpfereien – viel Ramsch und Kitsch.

Zweifelhafte Strände aufsuchen
Auch das blaueste Meer kann voller Kolibakterien sein – wenn sich in der Nähe des Badestrandes ungeklärte Abwässer in die See ergießen. Deshalb besser Ausschau halten nach der blauen Flagge für die saubere Küste, die von der EU vergeben wird *(pavillon bleu)*.

Wild campen
So verlockend ein schönes Plätzchen in freier Natur sein mag, um ein Zelt aufzustellen oder das Wohnmobil zu parken – französische Grundbesitzer sehen das gar nicht gern und reagieren meist sauer. Und verzichten Sie auf jeden Fall darauf, ein Lagerfeuer zu entfachen: Die Gefahr von Waldbränden ist viel zu groß.

Butter zum Käse – in Frankreich verpönt
Auch wenn Sie es von zu Hause gewohnt sind: Verlangen Sie lieber keine Butter zum Käse. Das ist in Frankreich nicht üblich.

Sprechen und Verstehen ganz einfach

Zur Erleichterung der Aussprache sind alle französischen Wörter mit einer einfachen Aussprache (in eckigen Klammern) versehen.

AUF EINEN BLICK

Ja./Nein.	Oui. [ui]/Non. [nong]
Vielleicht.	Peut-être [pöhtätr]
Bitte.	S'il vous plaît. [sil wu plä]
Danke.	Merci. [märsi]
Gern geschehen.	De rien. [dö rjäng]
Entschuldigen Sie!	Excusez-moi! [äksküseh mua]
Wie bitte?	Comment? [kommang]
Ich verstehe Sie/dich nicht.	Je ne comprends pas. [schön kongprang pa]
Ich spreche nur wenig Französisch.	Je parle un tout petit peu français. [schparl äng tu pti pöh frangsä]
Können Sie mir bitte helfen?	Vous pouvez m'aider, s.v.p.? [wu puweh mehdeh sil wu plä]
Sprechen Sie Deutsch/ Englisch?	Vous parlez allemand/anglais? [wu parleh almang/anglä]
Ich möchte ...	J'aimerais ... [schämrä]
Das gefällt mir nicht.	Ça ne me plaît pas. [san mö plä pa]
Haben Sie ...?	Vous avez ...? [wus‿aweh]
Wie viel kostet es?	Combien ça coûte? [kongbjäng sa kut]
Wie viel Uhr ist es?	Quelle heure est-il? [käl‿ör ät‿il]

KENNENLERNEN

Guten Morgen/Tag!	Bonjour! [bongschur]
Guten Abend!	Bonsoir! [bongsuar]
Hallo!/Grüß dich!	Salut! [salü]
Wie ist Ihr Name, bitte?	Comment vous appelez-vous? [kommang wus‿apleh wu]
Wie heißt du?	Comment tu t'appelles? [kommang tü tapäl]
Wie geht es Ihnen/dir?	Comment allez-vous/vas-tu? [kommangt‿aleh wu/wa tü]
Danke. Und Ihnen/dir?	Bien, merci. Et vous-même/toi? [bjäng märsi. eh wu mäm/tua]
Auf Wiedersehen!	Au revoir! [oh röwuar]
Tschüss!	Salut! [salü]

UNTERWEGS

Auskunft

links/rechts	à gauche [a gohsch]/à droite [a druat]
geradeaus	tout droit [tu drua]
nah/weit	près [prä]/loin [luäng]
Bitte, wo ist …?	Pardon, où se trouve …, s.v.p.? [pardong, us truw … sil wu plä]
Wie weit ist das?	C'est à combien de kilomètres d'ici? [sät‿a kongbjängd kilomätrö disi]
Welches ist der kürzeste Weg nach/zu …?	Quel est le chemin le plus court pour aller à …? [käl‿äl schömäng lö plü kur pur aleh a]

Panne

Ich habe eine Panne.	Je suis en panne. [schö süis‿ang pan]
Würden Sie mir bitte einen Abschleppwagen schicken?	Est-ce que vous pouvez m'envoyer une dépanneuse, s.v.p.? [äs‿kö wu puweh mangwuajeh ün dehpanöhs sil wu plä]
Gibt es hier in der Nähe eine Werkstatt?	Est-ce qu'il y a un garage près d'ici? [äs‿kil‿ja äng garasch prä disi]
… ist defekt.	… est défectueux. [… ä dehfäktüöh]

Tankstelle

Wo ist bitte die nächste Tankstelle?	Pardon, Mme/Mlle/M., où est la station-service la plus proche, s.v.p.? [pardong madam/madmuasäl/mösjöh u ä la stasjong särwis la plü prosch sil wu plä]
Ich möchte … Liter.	… litres, s'il vous plaît. [litrö sil wu plä]
Super.	Du super. [dü süpär]
Diesel.	Du gas-oil. [dü gasual]
bleifrei/mit … Oktan.	Du sans-plomb/… octanes. [dü sang plong/ … oktan]
Voll tanken, bitte.	Le plein, s.v.p. [lö pläng sil wu plä]

Unfall

Hilfe!	Au secours! [oh skur]
Achtung!	Attention! [atangsjong]
Rufen Sie bitte schnell …	Appelez vite … [apleh wit]
… einen Krankenwagen.	… une ambulance. [ün‿angbülangs]
… die Polizei.	… la police. [la polis]
… die Feuerwehr.	… les pompiers. [leh pongpjeh]
Es war meine Schuld.	C'est moi qui suis en tort. [sä mua ki süis‿ang torr]
Es war Ihre Schuld.	C'est vous qui êtes en tort. [sä wu ki äts‿ang torr]
Geben Sie mir bitte Ihren Namen und Ihre Anschrift!	Vous pouvez me donner votre nom et votre adresse? [wu puweh mö donneh wottrö nong eh wottr‿adräs]

ESSEN/UNTERHALTUNG

Wo gibt es hier …	Vous pourriez m'indiquer… [wu purjeh mängdikeh]
… ein gutes Restaurant?	… un bon restaurant? [äng bong rästorang]
… ein nicht zu teures Restaurant?	… un restaurant pas trop cher? [äng rästorang pa troh schär]
Gibt es hier eine gemütliche Kneipe?	Y-a-t'il un café (bistrot) sympa, dans le coin? [jatihl äng kafeh (bistroh) sängpa dang lö kuäng]
Reservieren Sie uns bitte für heute Abend einen Tisch für 4 Personen.	Je voudrais réserver une table pour ce soir, pour quatre personnes. [schwudrä räsehrweh ün tablö pur sö suar pur kat pärsonn]
Wo sind bitte die Toiletten?	Où sont les W.-C., s.v.p.? [u song leh wehseh sil wu plä]
Auf Ihr Wohl!	A votre santé!/A la vôtre! [a wottr sangteh/a la wohtr]
Bezahlen, bitte.	L'addition, s.v.p. [ladisjong sil wu plä]
Hat es geschmeckt?	C'était bon? [sehtä bong]
Das Essen war ausgezeichnet.	Le repas était excellent. [lö röpa ehtät‿äksälang]

ÜBERNACHTUNG

Können Sie mir bitte … empfehlen?	Pardon, Mme/Mlle/M., vous pourriez recommander …? [pardong madam/ madmuasäl/mösjöh wu purjeh rökommangdeh]
… ein gutes Hotel	… un bon hôtel [äng bonn‿ohtäl]
… eine Pension	… une pension de famille [ün pangsjongd famij]
Haben Sie noch …?	Est-ce que vous avez encore …? [äs‿kö wus‿aweh angkorr]
… ein Einzelzimmer	… une chambre pour une personne [ün schangbr pur ün pärsonn]
… ein Zweibettzimmer	… une chambre pour deux personnes [ün schangbr pur döh pärsonn]
… mit Bad	… avec salle de bains [awäk sal dö bäng]
… für eine Nacht	… pour une nuit [pur ün nüi]
… für eine Woche	… pour une semaine [pur ün sömän]
Was kostet das Zimmer mit …	Quel est le prix de la chambre, … [käl‿ä lö prid la schangbr]
… Frühstück?	… petit déjeuner compris? [pti dehschöneh kongpri]
… Halbpension?	… en demi-pension? [ang dmi pangsjong]

Arzt

Können Sie mir einen guten Arzt empfehlen?	Vous pourriez recommander un bon médecin, s.v.p.? [wu purjeh rökommangdeh äng bong mehdsäng sil wu plä]
Ich habe hier Schmerzen.	J'ai mal ici. [scheh mal isi]

Bank

Wo ist hier bitte …	Pardon, je cherche … [pardong schö schärsch]
… eine Bank?	… une banque. [ün bangk]
… eine Wechselstube?	… un bureau de change. [äng bürohd schangsch]
Ich möchte … DM (Schilling, Schweizer Franken) in Francs wechseln.	Je voudrais changer … marks (schilling, francs suisses) en francs. [schwudrä schangscheh … mark (schiling, frang süis) ang frang]

Post

Was kostet …	Quel est le tarif pour affranchir … [käl‿ä lö tarif pur afrangschir]
… ein Brief …	… des lettres … [deh lätr]
… eine Postkarte …	… des cartes postales … [deh kart postal]
… nach Deutschland?	… pour l'Allemagne? [pur lalmanj]

Zahlen

0	zéro [sehroh]	20	vingt [wäng]
1	un, une [äng, ühn]	21	vingt et un, une [wängt‿eh äng, ühn]
2	deux [döh]		
3	trois [trua]	22	vingt-deux [wängt döh]
4	quatre [katr]	30	trente [trangt]
5	cinq [sängk]	40	quarante [karangt]
6	six [sis]	50	cinquante [sängkangt]
7	sept [sät]	60	soixante [suasangt]
8	huit [üit]	70	soixante-dix [suasangt dis]
9	neuf [nöf]	80	quatre-vingt [katrö wäng]
10	dix [dis]	90	quatre-vingt-dix [katrö wäng dis]
11	onze [ongs]		
12	douze [dus]	100	cent [sang]
13	treize [träs]	200	deux cents [döh sang]
14	quatorze [kators]	1000	mille [mil]
15	quinze [kängs]	2000	deux mille [döh mil]
16	seize [säs]	10000	dix mille [di mil]
17	dix-sept [disät]		
18	dix-huit [disüit]	1/2	un demi [äng dmi]
19	dix-neuf [disnöf]	1/4	un quart [äng kar]

Carte

Speisekarte

PETIT DEJEUNER	FRÜHSTÜCK
café noir [kafeh nuar]	schwarzer Kaffee
café au lait [kafeh oh lä]	Kaffee mit Milch
décaféiné [dehkafäineh]	koffeinfreier Kaffee
thé au lait/au citron [teh oh lä/oh sitrong]	Tee mit Milch/Zitrone
tisane [tisan]	Kräutertee
chocolat [schokola]	Schokolade
jus de fruit [schüd früi]	Fruchtsaft
œuf mollet [öf mollä]	weiches Ei
œufs brouillés [öh brujeh]	Rühreier
pain/petits pains/toasts [päng/pti päng/tohst]	Brot/Brötchen/Toast
croissant [kruasang]	Hörnchen
beurre [bör]	Butter
fromage [frommasch]	Käse
charcuterie [scharkütri]	Wurst, Aufschnitt
jambon [schangbong]	Schinken
miel [mjäl]	Honig
confiture [kongfitür]	Marmelade
yaourt [jaur]	Joghurt
fruits [früi]	Obst

SOUPES ET HORS-D'ŒUVRES	SUPPEN UND VORSPEISEN
Aïoli [Aioli]	Knoblauchmayonnaise
bisque d'écrevisses [bisk dehkröwis]	Krebssuppe
bouchées à la reine [buscheh a la rän]	Königinpastete
bouillabaisse [bujabäs]	südfranzösische Fischsuppe
bourride [buried]	Fischsuppe
consommé de poulet [kongsommehd pulä]	Hühnersuppe
crudités variées [krüditeh warjeh]	Rohkostteller
pâté de campagne [patehd kangpanj]	Bauernpastete
pâté de foie [patehd fua]	Leberpastete
salade niçoise [salad nisuas]	grüner Salat, Tomaten, Ei, Käse, Oliven, Thunfisch
saumon fumé [sohmong fümeh]	Räucherlachs
soupe à l'oignon [sup a luanjong]	Zwiebelsuppe
soupe de poisson [sup dö puasong]	Fischsuppe

VIANDES	FLEISCH
agneau [anjoh]	Lammfleisch
bifteck [bifťäk]	Steak
bœuf [böf]	Rindfleisch
escalope de veau [äskalopp dö woh]	Kalbschnitzel
filet de bœuf [filäd böf]	Rinderfilet
foie [fua]	Leber
gigot d'agneau [schigoh danjoh]	Lammkeule
grillades [grijad]	Grillplatte
mouton [mutong]	Hammelfleisch
porc [porr]	Schweinefleisch
rognons [ronnjong]	Nieren
rôti [roti]	Braten
sauté de veau [sohtehd woh]	Kalbsragout
steak tartare [stäk tartar]	Tatar
veau [woh]	Kalbfleisch

VOLAILLES ET GIBIER	GEFLÜGEL UND WILD
caille [kai]	Wachtel
canard à l'orange [kanar a lorangsch]	Ente mit Orange
coq au vin [kokoh wäng]	Hahn mit Rotwein
lapin chasseur [lapäng schasör]	Kaninchen nach Jägerart
pigeon [pischong]	Taube
poulet rôti [puleh rotti]	Brathähnchen
sanglier [sanglijeh]	Wildschwein

POISSONS, CRUSTACES ET COQUILLAGES	FISCHE, KRUSTEN- UND SCHALTIERE
baudroie [bodroa]	Seeteufel
cabillaud [kabijoh]	Kabeljau
calamar frit [kalamar fri]	gebratener Tintenfisch
daurade [dorrad]	Goldbrasse
lotte (de mer) [lott (dö mär)]	Seeteufel
loup de mer [lu dö mär]	Seewolf
maquereau [makroh]	Makrele
merlan [merlang]	Seehecht
morue [morrü]	Stockfisch
perche [pärsch]	Barsch
petite friture [pötit fritür]	gebratene kleine Fische
rouget [ruscheh]	Rotbarbe
sandre [sangdr]	Zander
sole au gratin [soll oh gratäng]	überbackene Seezunge
truite meunière [trüit möhnjär]	Forelle Müllerin
turbot [türboh]	Steinbutt

coquilles Saint-Jacques [kokij sängschak]	Jakobsmuscheln
crevettes [kröwät]	Garnelen, Krabben
homard [ommar]	Hummer
huîtres [üitr]	Austern
moules [mul]	Miesmuscheln
plateau de fruits de mer [platoh dö früi dö mär]	verschiedene Meeresfrüchte

LEGUMES/PATES/RIZ	GEMÜSE/TEIGWAREN/REIS
artichaut [artischoh]	Artischocke
choucroute [schukrut]	Sauerkraut
chou farci [schu farsi]	Kohlroulade
chou-fleur [schuflör]	Blumenkohl
épinards [ehpinar]	Spinat
fenouil [fönuj]	Fenchel
haricots (verts) [arikoh (währ)]	(grüne) Bohnen
nouilles [nuj]	Nudeln
oignons [uanjong]	Zwiebeln
petits pois [pti pua]	Erbsen
poivrons [puawrong]	Paprika
pommes dauphine/duchesse [pom dohfin/düschäs]	Kartoffelkroketten
pommes de terre [pomm dö tähr]	Kartoffeln
pommes de terre sautées [pom dö tär sohteh]	Bratkartoffeln
pommes natures [pomm natür]	Salzkartoffeln
riz au curry [ri oh küri]	Curryreis
tomates [tomat]	Tomaten

DESSERTS ET FROMAGES	NACHSPEISEN UND KÄSE
charlotte [scharlott]	Süßspeise aus Löffelbiskuits mit Früchten und Vanillecreme
crème Sabayon [kräm sabajong]	Weinschaumcreme
flan [flang]	Karamellpudding
fromage blanc [frommasch blang]	feiner Quark
fromage de chèvre [frommasch dö schäwr]	Ziegenkäse
gâteau [gatoh]	Kuchen
glace [glas]	Eis
pâtisserie maison [patisri mäsong]	Gebäck nach Art des Hauses
profiteroles [profitroll]	mit Eis gefüllte kleine Windbeutel an warmer Schokoladensoße
tarte aux pommes [tart oh pomm]	Apfelkuchen
tarte tatin [tart tatäng]	umgestürzter, karamelisierter Apfelkuchen
yaourt [jaurt]	Joghurt

FRUITS	OBST
abricots [abrikoh]	Aprikosen
cerises [söris]	Kirschen
datte [datt]	Dattel
figue [fieg]	Feige
fraises [fräs]	Erdbeeren
framboises [frangbuas]	Himbeeren
macédoine de fruits [masehduan dö früi]	Fruchtsalat
pêches [päsch]	Pfirsiche
poires [puar]	Birnen
pommes [pomm]	Äpfel
prunes [prün]	Pflaumen
raisin [räsäng]	Trauben

Liste des Consommations

Getränkekarte

VIN	WEIN
un (verre de vin) rouge [äng (wär dö wäng) rusch]	ein Glas Rotwein
un quart de vin blanc [äng kar dö wäng blang]	ein Viertel Weißwein
un pichet de rosé [äng pischäd rohseh]	ein Krug (20 bis 50 cl) Roséwein

BIERE	BIER
bière pression [bjär prehsjong]	Bier vom Fass
blonde [blongd] ~	~ helles
brune [brühn] ~	~ dunkles
bière bouteille [bjär butäj]	Flaschenbier

SANS ALCOOL	ALKOHOLFREI
bière sans alcool [bjär sangs‿alkol]	alkoholfreies Bier
eau minérale [oh minehral]	Mineralwasser
jus de fruits [schüd früi]	Fruchtsaft
jus d'orange [schü dorangsch]	Orangensaft
lait [lä]	Milch
limonade [limonad]	Limonade
petit-lait [ptilä]	Buttermilch

Reiseatlas Côte d'Azur

Die Seiteneinteilung für den Reiseatlas finden Sie auf dem hinteren Umschlag dieses Reiseführers

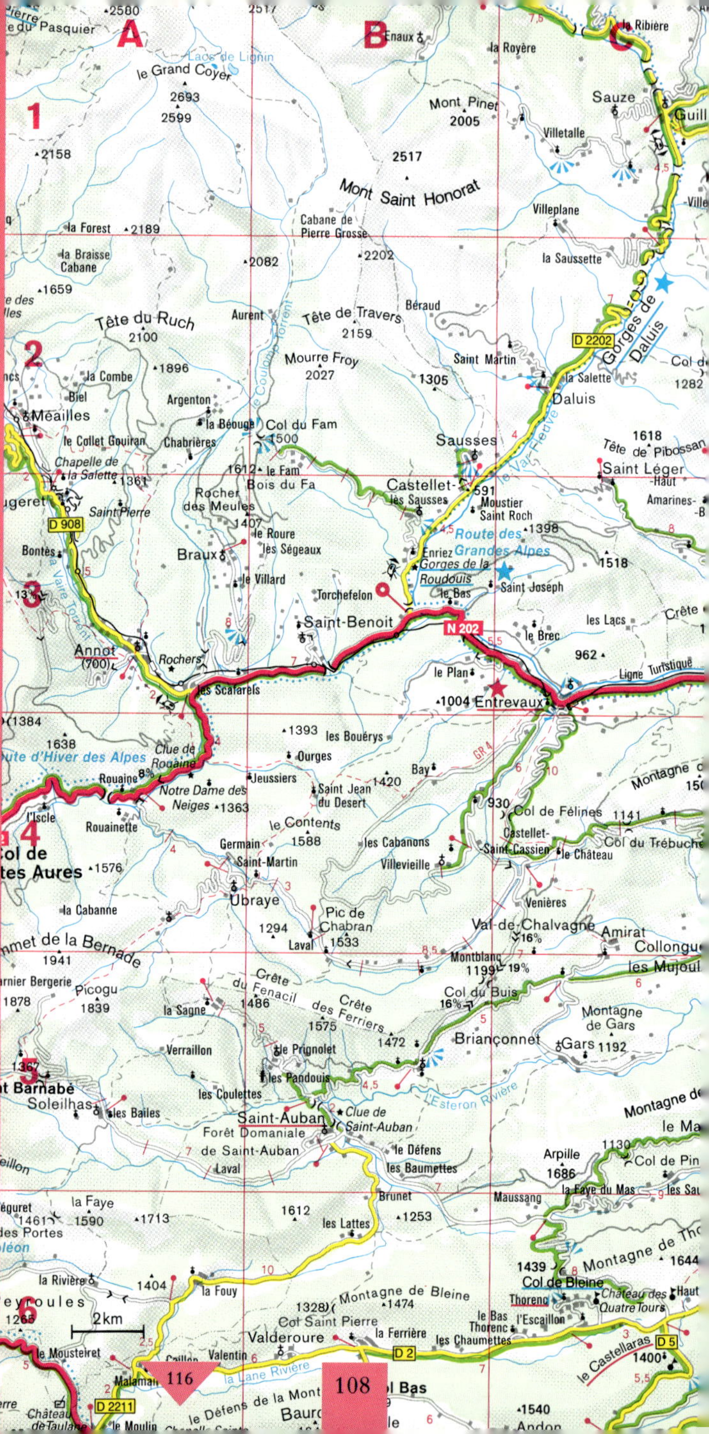

A
B
C
1
2
3
4
5
6
Pierre du Pasquier
2580
2517
Lacs de Lignin
le Grand Coyer
2693
2599
2158
Enaux
la Royère
la Ribière
Mont Pinet
2005
Sauze
Guill
Villetalle
2517
Mont Saint Honorat
Villeplane
la Forest
2189
Cabane de Pierre Grosse
la Braisse Cabane
2082
2202
la Saussette
1659
Tête du Ruch
2100
Aurent
Tête de Travers
2159
Béraud
Gorges de Daluis
D 2202
Saint Martin
la Combe
1896
Mourre Froy
2027
1305
la Salette
Daluis
Col de
1282
Biel
Argenton
Méailles
la Béouge
Col du Fam
1500
Sausses
1618
Tête de Pibossan
le Collet Gouiran
Chabrières
Chapelle de la Salette
1361
1612
le Fam
Bois du Fa
Castellet-lès Sausses
591
le Var Fleuve
Saint Léger
Amarines-
Saint Pierre
Rocher des Meules
1407
Moustier Saint Roch
Route des Grandes Alpes
1398
D 908
le Roure
lès Ségeaux
Bontès
Braux
Enriez
Gorges de la Roudoulé
1518
la Vaïre Torrent
le Villard
Saint Joseph
Torchefelon
le Bas
Saint-Benoit
N 202
les Lacs
Crête
Annot
(700)
Rochers
le Brec
962
le Plan
Ligne Touristique
les Scaffarels
1004
Entrevaux
1384
1393
les Bouérys
1638
Clue de Rouaine
Route d'Hiver des Alpes
Ourges
GR 4
Bay
Rouaine
8%
Jeussiers
Saint Jean du Desert
1420
Montagne
Notre Dame des Neiges
1363
930
Col de Félines
1141
l'Iscle
Rouainette
le Contents
1588
Castellet-Saint-Cassien
le Château
Col du Trébuche
Col de
tes Aures
1576
Germain
Saint-Martin
les Cabanons
Villevieille
Ubraye
la Cabanne
Pic de Chabran
1533
1294
Laval
Venières
Val-de-Chalvagne
16%
Amirat
Collongue
les Mujoul
mmet de la Bernade
1941
Montblanc
1199
19%
rnier Bergerie
1878
Picogu
1839
Crête du Fenacil
1486
Crête des Ferriers
1575
Col du Buis
16%
la Sagne
Montagne de Gars
Verraillon
le Prignolet
1472
Brianconnet
Gars
1192
1367
t Barnabé
les Pandouis
Soleilhas
les Coulettes
les Bailes
l'Esteron Rivière
Montagne de
Saint-Auban
Clue de Saint-Auban
Forêt Domaniale de Saint-Auban
le Défens
les Baumettes
le Ma
Arpille
1686
1130
Col de Pin
Laval
Brunet
Maussang
la Faye du Mas
les Sau
Séguret
1461
des Portes
la Faye
1590
1713
1612
les Lattes
1253
Montagne de Tho
1439
1644
Col de Bleine
la Rivière
1404
la Fouy
Peyroules
1265
Montagne de Bleine
1328
1474
Château des Quatre Tours
Thorenc
l'Escaillon
Haut
2km
Col Saint Pierre
Valderoure
la Ferrière
le Bas Thorenc
les Chaumettes
D 2
D 5
1400
le Castellaras
le Mousteiret
Malamaire
Valentin
la Lane Rivière
le Défens de la Mont
Château de Taulane
D 2211
le Moulin
Baur
Bas
1540
Andon
116

D
E
F
1
2
3
4
5
6
Valberg
(1669)
1822
Croix de Valberg
les Amignons
1856
Fonzal
l'Oustallet
le Quartier
les Launes
Barzés
Pra Bataglier
Tête de la Colombière
2065
Beuil
lou Mian
Roubion
Roure
D 30
le Villars
Bergians
Saint Pierre
Tête du Pommier
1912
la Beuraour
les Sagnes
Saint Sauveur-sur-Tinée
la Tinée Rivière
Rimplas
Margioulins
Gorges du Cians
les Traverses
Tête de Pérail
2017
2105
les Clots
1991
Lauvet d'Ilonse
la Pinéa
1169
Irougne
le Lavigné
Dôme de Barrot
2137
1727
1906
Pierlas
le Serre
Fontasse
Ilonse
Vignal
D 28
la Méléa
1716
Proa
1784
Mont Fracha
Condamine
1562
Auvare
Rigaud
Lieuche
Mont Souberre
1525
Bairols
Puget-Rostand
1601
Mont de Mayola
Saint Roch
Thiéry
la Madone
1365
Mont Pinée
Forêt de Villars
1227
Mont Ragias
Mont Falourde
1304
Saint-Julien
Malics
Dina Soutrana
Gorges du Cians
Touët-sur-Var
Pinte de Narboins
885
les Pauves
40
le Var Fleuve
les Gabres
Villars-sur-Var
1436
Besseuges
Mont Rourebel Supérieur
1212
Rourebel
Pécogiu
1384
la Penne
Pinaud
Ascros
les Grottes
Mont Brune
1518
Saint-Pierre
Saint-Antonin
Toudon
Tête du Puy
1000
995
Sauma-Longa
1008
Cuébris
Peira Longa
Sallagriffon
D 17
Sigale
Roquesteron
Pierrefeu
Clue de Riolan
Roquesteron-Grasse
Mont Auvière
964
Vescous
le Coulet
1175
Saint Joseph
Clue d'Aiglun
Aiglun
Vascognes
l'Esteron Rivière
Saint Valentin
les Ferres
1052
Saint Laurent
1045
les Tardons
Cascade de Vegay
Vegay
Conségudes
Bois du Cheiron
Gréolières-les-Neiges
1445
1278
Montagne du Cheiron
D 802
Cime du Cheiron
1770
Croix de Verse
1705
1535
la Colle
Bézaudun-les-Alpes
1307
Baumouns
Clue de Gréolières
1395
Château Gréolières
Saint Pons
Coursegoules
D 2
le Méou
Bastide de Vescagne
les Grêles
Gréolières
le Foulon
1034
le Gros Pounch
1268
1188
Cipières
Saint Claude Chapelle
Colle de Puey
1208
1171

109
117

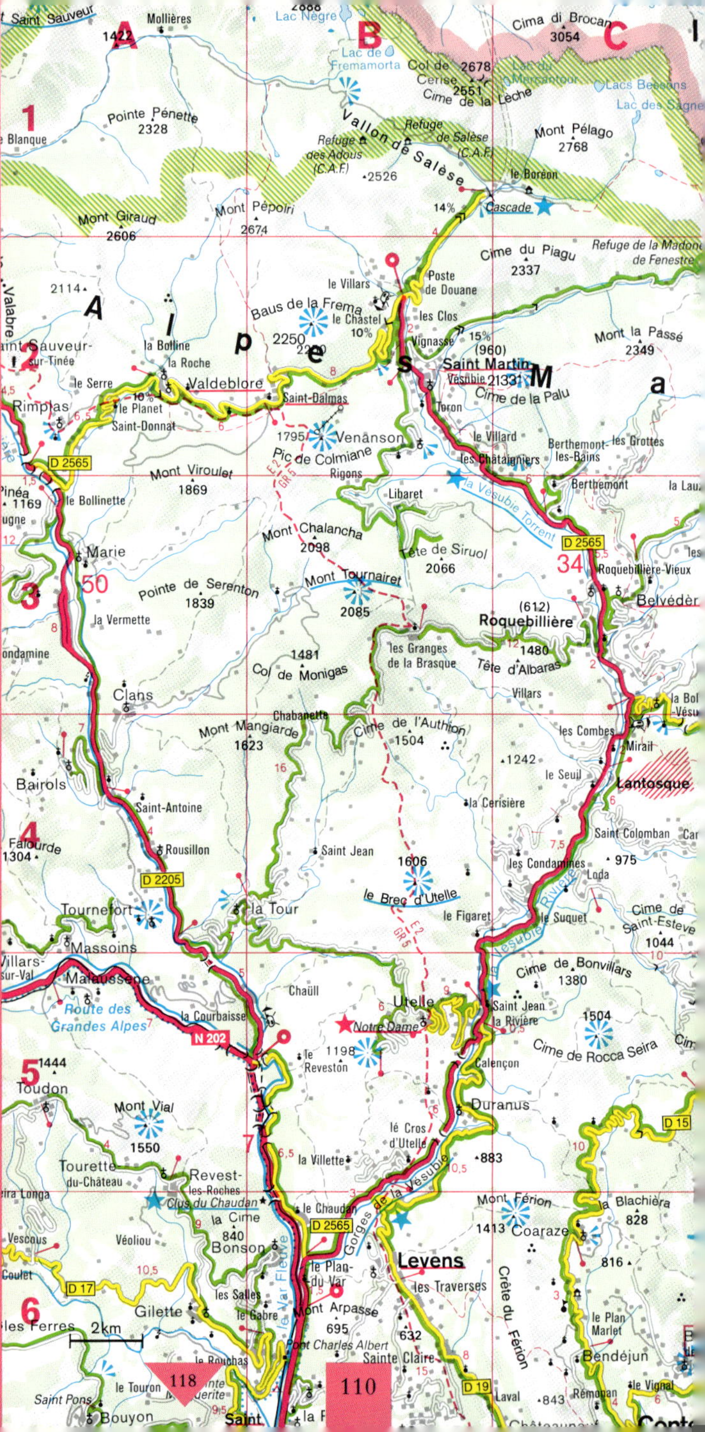

Saint Sauveur
Mollières
1422
A
Lac Nègre
B
Lac de Fremamorta
Col de Cerise
2678
2551
Cime de la Lèche
Cima di Brocan
3054
C
Lac du Mercantour
Lacs Bessons
Lac des Sagnes
1
Blanque
Pointe Pénette
2328
Vallon de Salèse
Refuge des Adous (C.A.F.)
Refuge de Salèse (C.A.F.)
2526
Mont Pélago
2768
le Boréon
Cascade
14%
Mont Giraud
2606
Mont Pépoiri
2674
Cime du Piagu
2337
Refuge de la Madone de Fenestre
le Villars
Poste de Douane
2114
Valabre
Baus de la Frema
le Chastel
10%
les Clos
2250
2220
Vignasse
15%
(960)
Mont la Passé
2349
Saint Sauveur-sur-Tinée
2
la Bolline
la Roche
A l p e s M a
Saint Martin-Vésubie
2133
Cime de la Palu
le Serre
10%
Valdeblore
Saint-Dalmas
Rimplas
le Planet
Saint-Donnat
Toron
D 2565
1795
Venanson
le Villard
Berthemont-les-Bains
les Grottes
les Châtaigniers
Pic de Colmiane
Rigons
E2 GR5
Pinéa
1169
Mont Viroulet
1869
Libaret
la Vésubie Torrent
Berthemont
la Lau
le Bollinette
Mont Chalancha
2098
D 2565
Marie
Tête de Siruol
2066
34
Roquebillière-Vieux
3
50
Pointe de Serenton
1839
Mont Tournairet
2085
Belvédère
la Vermette
(612)
Roquebillière
Condamine
1481
les Granges de la Brasque
1480
Tête d'Albaras
Col de Monigas
Clans
Villars
la Bollène-Vésubie
Chabanette
Mont Mangiarde
1623
Cime de l'Authion
1504
les Combes
Mirail
1242
le Seuil
Bairols
Lantosque
la Cerisière
Saint-Antoine
4
Falourde
1304
Rousillon
Saint Jean
1606
Saint Colomban
975
les Condamines
Loda
D 2205
le Brec d'Utelle
Tournefort
la Tour
le Figaret
le Suquet
Cime de Saint-Esteve
1044
Massoins
la Vésubie Rivière
Villars-sur-Var
Malaussène
Chaüll
Cime de Bonvillars
1380
Route des Grandes Alpes
la Courbaisse
Utelle
Notre Dame
Saint Jean la Rivière
1504
N 202
le Reveston
1198
Cime de Rocca Seira
5
1444
Toudon
Calençon
Mont Vial
1550
Duranus
D 15
lé Cros d'Utelle
883
Tourette-du-Château
Revest-les-Roches
la Villette
Clus du Chaudan
le Chaudan
Gorges de la Vésubie
Mont Férion
1413
Coaraze
la Blachièra
828
Longa
Vescous
la Cime
840
Bonson
Véoliou
D 2565
816
le Var Fleuve
Levens
Coulet
D 17
le Plan-du-Var
les Traverses
Crête du Férion
les Salles
6
Gilette
le Gabre
Mont Arpasse
695
le Plan Marlet
les Ferres
2km
632
Pont Charles Albert
Bendejun
Sainte Claire
le Rouchas
118
110
D 19
le Vignal
le Touron
Sainte Marguerite
Saint Pons
Laval
843
Rémoban
Bouyon
Saint
la
Châteauneuf
Contes

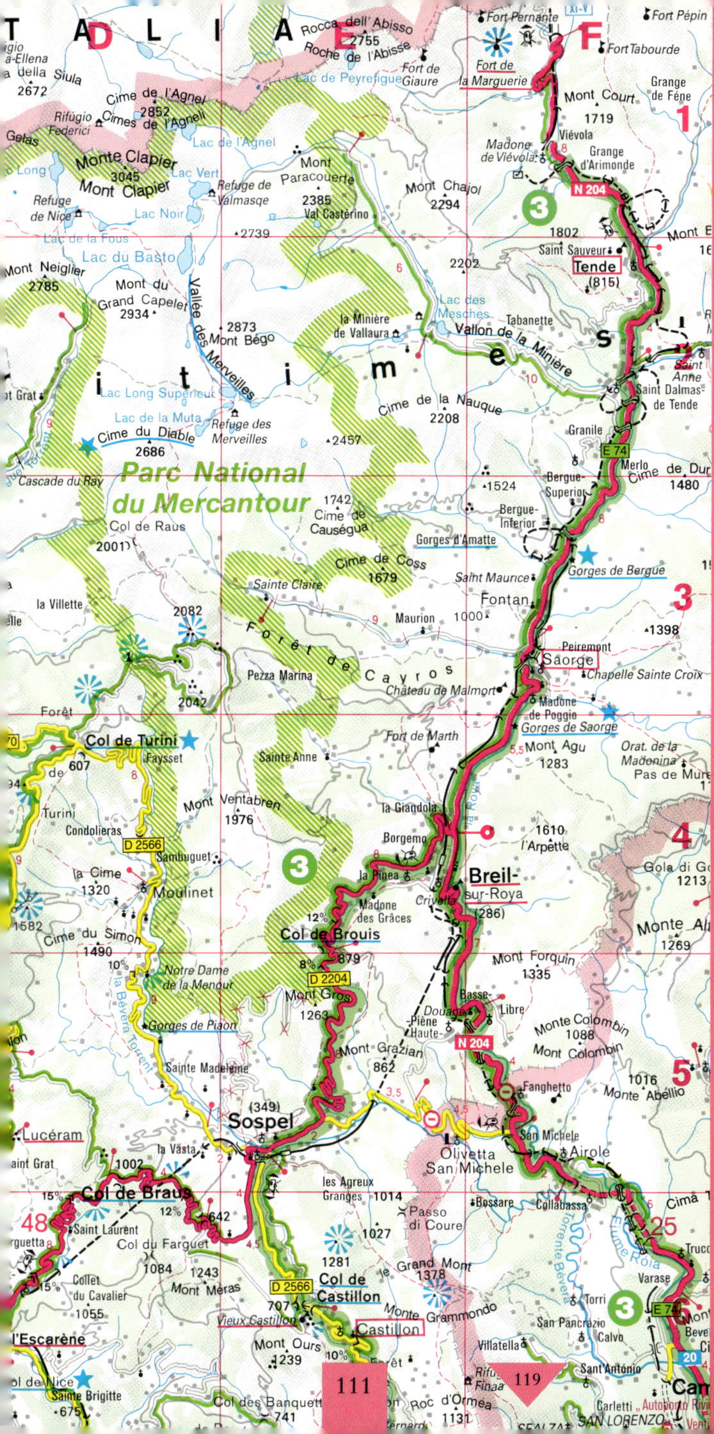

T A L I A
D
E
F
Rocca dell' Abisso
2755
Roche de l'Abisse
Fort Pernante
Fort Pépin
Fort Tabourde
Fort de Giaure
Fort de la Marguerie
Lac de Peyrefique
Grange de Fène
Mont Court
1719
1
Viévola
Madone de Viévola
Grange d'Arimonde
N 204
Cima della Siula
2672
Cime de l'Agnel
2852
Cimes de l'Agnell
Rifúgio Federici
Gelas
Lac de l'Agnel
Monte Clapier
3045
Mont Clapier
Lac Vert
Refuge de Valmasque
Mont Paracouerte
2385
Val Castérino
Mont Chajol
2294
3
Refuge de Nice
Lac Noir
Lac de la Fous
Lac du Basto
2739
1802
Saint Sauveur
Tende
(815)
Mont Neiglier
2785
Mont du Grand Capelet
2934
Vallée des Merveilles
2873
Mont Bégo
2202
Lac des Mesches
Tabanette
la Minière de Vallaura
Vallon de la Minière
Saint Anne
Saint Dalmas-de Tende
Lac Long Superieur
Lac de la Muta
Refuge des Merveilles
Cime du Diable
2686
Cime de la Nauque
2208
2457
Granile
E 74
Merlo
Cime de Dur
1480
Cascade du Ray
Parc National du Mercantour
1742
Cime de Causégua
1524
Bergue-Superior
Bergue-Inferior
Col de Raus
2001
Gorges d'Amatte
Cime de Coss
1679
Gorges de Bergue
Sainte Claire
Saint Maurice
Fontan
la Villette
2082
Maurion
1000
3
1398
Forêt de Cayros
Peiremont
Saorge
Chapelle Sainte Croix
Pezza Marina
2042
Château de Malmort
Madone de Poggio
Gorges de Saorge
Forêt
Col de Turini
Faysset
1607
Fort de Marth
Mont Agu
1283
Orat. de la Madonina
Pas de Mure
Sainte Anne
Turini
Condolieras
D 2566
Mont Ventabren
1976
la Giandola
Borgemo
1610
l'Arpette
4
Sambuguet
la Cime
1320
Moulinet
3
la Pinea
Breil-sur-Roya
(286)
Crivella
Madone des Grâces
Gola di Gouta
1213
1582
Cime du Simon
1490
Col de Brouis
879
Monte Abellio
1269
Notre Dame de la Menour
D 2204
Mont Forquin
1335
Mont Gros
1263
Basse-Libre
Douans
Piène Haute
Monte Colombin
1088
Mont Colombin
la Bévéra Torrent
Gorges de Piaon
N 204
Mont Grazian
862
5
Sainte Madeleine
Fanghetto
1016
Monte Abéllio
Lucéram
(349)
Sospel
Olivetta San Michele
San Michele
Airole
Saint Grat
la Vasta
1002
Col de Braus
les Agreux
Granges
1014
Bossare
Collabassa
Cima
642
Passo di Coure
25
Saint Laurent
Col du Farguet
1084
1027
Fiume Roia
Torrente Bévéra
Truc
48
1281
Grand Mont
1378
Varase
Collet du Cavalier
1055
1243
Mont Méras
Col de Castillon
D 2566
707
Vieux Castillon
Castillon
Monte Grammondo
Torri
3
E 74
San Pancrázio
Calvo
l'Escarène
Mont Ours
1239
Villatella
20
Col de Nice
Sainte Brigitte
675
Col des Banquettes
741
Roc d'Ormea
1131
Rifugio Finaa
119
Sant'Antonio
Carletti
Autoporto
SAN LORENZO

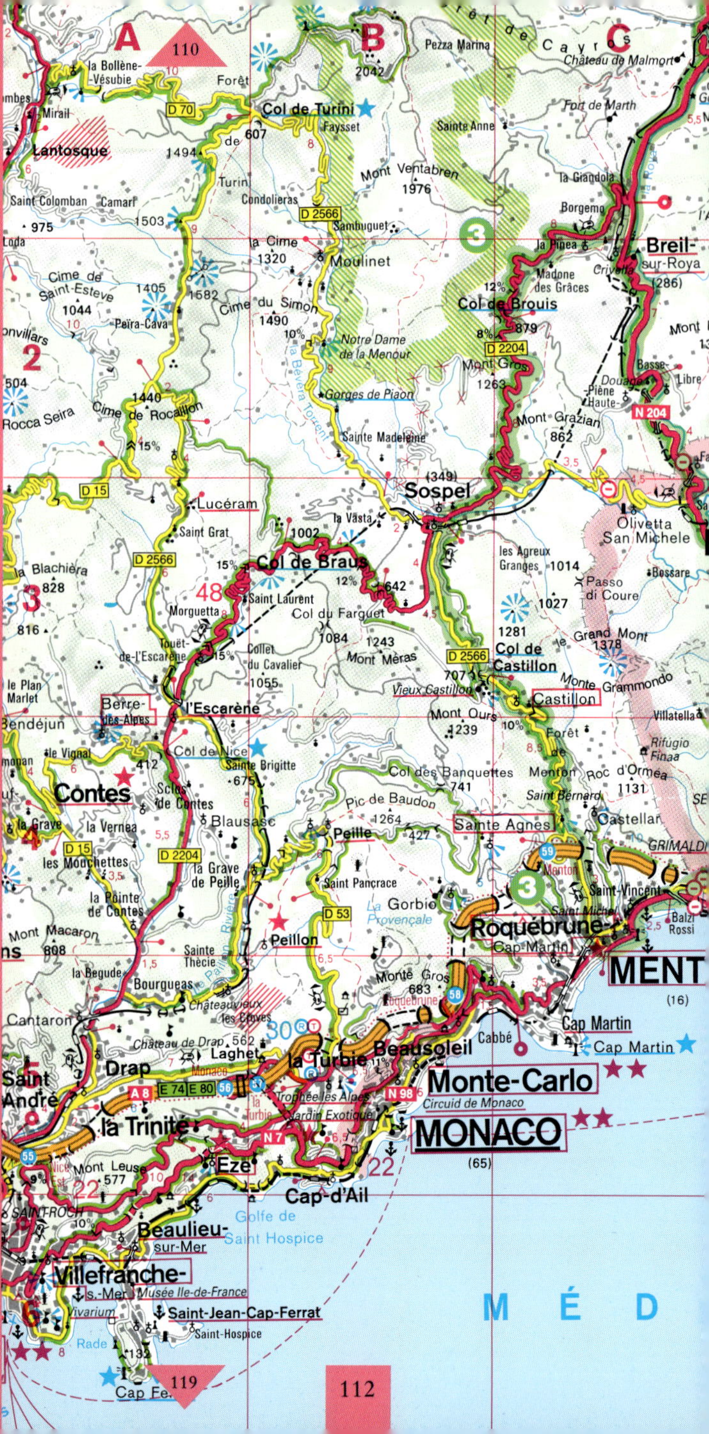
A
110
B
C
la Bollène-Vésubie
Forêt
Mirail
Lantosque
Col de Turini
Faysset
607
1494
Turini
Condolieras
D 70
D 2566
Sambuguet
Saint Colomban
Camari
975
1503
2042
Pezza Marina
Château de Malmort
Fort de Marth
Sainte Anne
Mont Ventabren
1976
la Giandola
Borgemo
Breil-sur-Roya
(286)
la Pinea
Madone des Grâces
Crivella
Col de Brouis
879
D 2204
Mont Gros
1263
Basse-
Douane
Piène Haute-
N 204
Mont Grazian
862
la Cime
1320
Moulinet
Cime du Simon
1490
Notre Dame de la Menour
Gorges de Piaon
la Bévéra Torrent
Sainte Madeleine
Cime de Saint-Esteve
1044
1405
1582
Peïra-Cava
Rocca Seira
504
Cime de Rocaillon
1440
D 15
Lucéram
Saint Grat
D 2566
la Blachièra
828
816
48
Morguetta
Saint Laurent
Col de Braus
1002
la Vasta
642
Sospel
(349)
Olivetta San Michele
Bossare
les Agreux Granges
1014
Passo di Coure
1027
1281
Col de Castillon
Grand Mont
1378
Monte Grammondo
Castillon
Vieux Castillon
707
D 2566
Col du Farguet
1084
1243
Mont Méras
Collet du Cavalier
1055
Touët-de-l'Escarène
l'Escarène
le Plan Marlet
Berre-des-Alpes
Bendéjun
le Vignal
412
Contes
Col de Nice
Sainte Brigitte
675
Sclos de Contes
Blausasc
Mont Ours
1239
Villatella
Rifugio Finaa
Forêt de Menton
Col des Banquettes
741
Roc d'Ormea
1131
Saint Bernard
Castellar
Pic de Baudon
1264
Peille
427
Sainte Agnes
GRIMALDI
la Grave
la Vernea
D 15
les Mouchettes
D 2204
la Grave de Peille
la Pointe de Contes
Saint Pancrace
Gorbio
La Provençale
D 53
Menton
Saint-Vincent
Saint Michel
Roquebrune-Cap-Martin
Balzi Rossi
MENT
(16)
Mont Macaron
808
Peillon
Sainte Thècie
la Begude
Bourgueas
Monte Gros
683
Châteauvieux
les Graves
Cantaron
Château de Drap
562
Laghet
la Turbie
Beausoleil
Cabbé
Cap Martin
Cap Martin
Drap
Saint André
A 8
E 74
E 80
Trophée les Alpes
Jardin Exotique
N 98
Monte-Carlo
Circuit de Monaco
MONACO
(65)
la Trinité
N 7
Mont Leuse
577
Eze
Cap-d'Ail
22
Golfe de Saint Hospice
Beaulieu-sur-Mer
Villefranche-s.-Mer
Musée Ile-de-France
Vivarium
Saint-Jean-Cap-Ferrat
Saint-Hospice
Rade
132
119
Cap Fe
M É D

D
E
F
111
Monte Pietravecchia
2038
Mont Peirevieille
Monte Toraggio
1971
Mont Torrage
Colla Melosa
Lago di Tenarda
Carmo delle Strade
1026
Cetta
di Triora
Rocca di Aggagna
Carmo Albarozza
979
Gavano
Pian del Moro
Aigovo
1
Colla di Langan
1127
Búggio
Madonna di Lausegno
Madonna del Cármine
San Giovanni dei Prati
Orat. de la Madonina
Pas de Muraton
1158
Monte Lega
1556
Mont Léga
Passo Muratone
Madonna di Passoscio
Croce di Praesto
1627
Monte Ceppo
Gola di Gouta
1213
849
Pigna
(280)
Madonna di Campagna
Castel Vittório
Monte Mera
1063
Vignai
Argallo
Torrente Oxentina
Monte Alto
1269
San Gregorio
Baiardo
Passo Ghimbegna
898
2
Monte Merlo
1014
Monte Morgi
819
Monte Semoigo
611
Berzi
Madonna della Villa
Ceriana
Rocchetta Nervina
Madonna delle Grazie
Apricale
1016
Monte Abéllio
Isolabona
Monte Bignone
1299
Perinaldo
Monte Colma
649
T A L I A
SAN ROMOLO
VEREZZO
Cima Tramontina
551
613
Monte Rebuffao
Monte Caggio
1090
San Donato
Borello
72
3
25
Trucco
Dolceácqua
(57)
Suseneo
Negi
SAN BARTOLOMEO
San Giovanni Battista
Varase
Trinità
E 74
Monte Baraccone
514
Bevera
Ciáixe
Soldano
Seborga
San Remo Ovest
COLDIRODI
San Biágio della Cima
20
Camporosso
(25)
Vallebona
E 80
Vallecrósia Alta
Sasso di Bordighera
SAN REMO
„Autoporto Riviera dei Fiory"
Borghetto San Nicolò
Capo Nero
(15)
ACI
Ospedaletti
(5)
Roverino
Siestro
Bordighera
25
„Bordighera"
4
Capo Sant'Ampelio
Giardini Botanici Hanbury
VENTIMÍGLIA
(9)
Vallecrósia
(5)
Bordighera
(46)
Villa Hanbury
5
M E R
T E R R A N É E
6
2km

Col de la Croix
Estoublon
Saint Jean Chapelle
Gorges de Trévans
Majastres
Col de Saint Jurs
Saint-Jurs
Sommet de Montdenier
Serre de Montdenier
Château d'Allès
Ravin de Balène
Chiran
le Grand Mourre
Moustiers-Sainte-Marie
Notre-Dame de Beauvoir
Ségriès
Roumoules
la Grande Plaine
Corniche Sublime
Route de la Lavante
Châteauneuf-lès-Moustiers
Lac de Sainte-Croix
les Salles-sur-Verdon
Aiguines
Col de l'Olivier
Col d'Illoire
Cirque de Vaumale
Grand Canyon
Belvédères de la Maline
Col d'Ayens
la Palud-sur-Verdon
Bauduen
Notre Dame de Baudinard
Grand Plan de Canjuers
Signal de l'Aigle
Collet de l'Aigle
Régusse
Vérignon
Route Napoléon
N 85
D 907
D 952
D 19
D 71
D 957
GR 4
2km

120

D
E
F
N 202
Col des Robines
Moriez
Saint-André-les-Alpes
Méouilles
Route de la Lavande
Angles
Saint Pierre
Gévaudan
la Gypière
le Fangeas
Saint Firmin
Pont Saint Julien
Col de la Pierre Plantée
Font-Chaude Ferme
Courchons
Pic de Chamatte
Crête de Chamatte
Crête des Serres
Col de l'Iscle
Route d'Hiver
l'Iscle
Vergons
Col de Toutes Aures
Notre Dame
Clue de Vergons
Saint-Julien-du-Verdon
(914)
Lioux
Dégoutail
Sommet du Castellard
Blaron
le Mandaron
Lac de Castillon
la Baume
les Pointus
la Tuilière
Boades
N 85
Clue de Taulanne
la Grau
Ville
la Cité
Barrage de Castillon
Sommet de Crémon
les Chauchets
Clos Bounet
Pra Garnier Berger
Sommet de
Demandolx
Col de Saint Barnabé
Col de Cheiron
Col de Leque
Taulanne
le Haut Sionne
la Palud
Lac de Chaudanne
la Castelle
Chauvin Sommet
Castellane
(724)
Notre-Dame du Roc
Barrage de Chaudanne
Montagne de Teillon
Villars Brandis
Brandis
Brayal
la Lagne
Chasteuil
Route de la Lavande
Brans
le Verdon Rivière
la Garde
Saint Martin
Séguret
Col des Portes
Route Napoléon
Porte de Saint-Jean
Saint Etienne
Taloire
D 952
Col de Luens
la Bâtie
Peyroules
Sainte Trophime
Robion
Saint-Thyrs
Eoulx
Forêt Communale du Défens
les Règles
Enc. Fermes
Abeille
Aco de Brun
le Cloutas
Rougon
(960)
Soleils
Valcros
le Colombier
Saint Pierre
Saint Anne
Coste-Vieille
Corniche Sublime
Clue de Carejuan
Samson
Soleils
Bois de la Faye
le Bourguet
Bagarry
la Braisse
Bagarron
les Garniers
Chaos de Trescaire
Bois de Colle de Breis
Bois du Défens
le Jabron Rivière
Châteauvieux
Château Rima
la Martre
Breis Sommet
la Treille
Brenon
les Henry
le Plan d'Anelle
les Davids
les Mauniers
Saint Blaise
la Castellas
Col de C
Riblaquon
Giravail
le Petit Saint-Maymes
Trigance
(734)
D 955
Colline de Clare
Montagne de Brouis
Notre Dame de Saint-Julien
Bau
les Granges
Gorges de l'Artuby
le Picauvet
Jabron
(757)
Moulin de Bargème
Saint Laurent Chapelle
l'Estang
Barlet
la Cournuelle
Corniche Sublime
Villegrasse
Bargème
le Collet
Bois de Siounet
la Maison
D 71
la Souche
le Bas Don
D 21
le Tour
le Plan d'Aups
Valentin
Chapelle Sainte Petronille
le Moulinon
Cañon de l'Artuby
Colline d'Estelle
Clumes
Fayet
Baconnet
Comps-sur-Artuby
Forêt de Duou
la Colle
Saint Romain
Saint Bayon
(1017)
Chamay
le Bas Avelan
D 25
Sauvechane
les Blaches
Chardan
Brovès
Col de Glace
de Lagne
Praguillen
Guent
Chapelle Saint Christophe
le Cabaret Neuf
l'Artuby
Paresse
Mierau
la Bastide Neuve
Petorgues
Gorge de Castagne
D 955
Macheferrière
la Bastide du Bois de Gourdon
Gorge de Espérel
les Condamines
Auveine
le Logis d'Auveine
Peygros
Bastide d'Hiesse
Pierrion
la Colle du Saint-Esprit
Col du Bel Homme
Saint Martin Chapelle
Beau-Soleil
Mathurine
le Seuil
Blaque
121
1
2
3
4
5
6
22
44

108
122
A
B
1
2
3
4
5
6
48
56
Aco de Brun
le Cloutas
le Colombier
Saint Pierre
Coste-Vieille
le Mousteiret
Malamaire
Caillon
Valentin
la Lane Rivière
D 2
D 2211
Col Bas
Bauroux
Caille
Séranon
le Défens de la Montagne
Château de Taulane
le Moulin
Chapelle Sainte Brigitte
Curnier
le Logis du Pin
la Doire
Notre Dame de Séranon
Rouaine
N 85
Col de Valferrière
Château de la Lubi
la Bresse
Bagarron
les Garniers
Châteauvieux
la Martre
le Grangon
Villauté
Brenon
les Henry
Château Rima
l'Artuby
les Davids
les Mauniers
le Plan d'Anelle
Saint Blaise
la Castellas
Col de Clavel
Montagne de Lachens
Varneige
Gorges de l'Artuby
les Granges
Montagne de Brouis
Bas Esclapon
le Picauvet
Moulin de Bargème
GR 49
l'Estang
Barlet
la Bastide
Hubac de Bliauge
Saint Laurent Chapelle
Bargème
Aco d'Aubert
Vallon du Fil
le Collet
le Plan d'Aups
Valentin
la Roque-Esclapon
la Souche
le Bas Don
Chapelle Sainte Pétronille
le Moulinon
le Moutet
Mountagne du Malay
le Villard
la Bruyère Ruisseau
Bois du Malay
le Fil
la Colle
Forêt de Duou
Saint Romain
le Bas Avelan
D 563
Chapelle Saint Pierre
Mons
les Comtes
Saint Marcellin
D 25
Brovès
Col de la Glacière
Préfagoux
Sources de la Siagnole
Moulin de Mons
Chapelle Saint Christophe
Paresse
Mieraure
les Combes
la Tuilière
Rochetaillée
Aqueduc Rom.
Saint Peïré
Siagnole Rivière
Macheferrière
Bourigaille
la Bastide du Bois de Gourdon
Bastide d'Aisse
la Pejaue
le Jas Neuf
l'Eouvé
la Colle du Saint-Esprit
Pierrion
Col du Bel Homme
Blaque Meyanne
Seillans
le Cunier
Mounier
Notre-Dame de l'Ormeau
Saint Martin Chapelle
Chapelle Saint Loup
Font-Bouillon
Seuil
Chapelle Saint Michel
Malignon
le Baquier
Chapelle Saint Cyr
D 19
Fayence
Tourrettes
Callian
la Pigne
l'Etang
Chapelle de Favas
Bargemon
Bastide Aragon
les Négrins
Notre Dame des Cyprès
Tassy
Notre Dame de Callian
le Pavillon
le Reclos Château
Sainte Anne de Claviers Chapelle
Méaulx Château
Bastide Marins
les Terrassonnes
D 952
Bois Commune de la Coste
Bois du Puy
le Plan
Château Bouge
Claviers
Notre Dame des Selves
Col de Boussague
Callas
les Saquetons
Saint-Louis Ferme
Brovès-en-Seillans
Trestaure
Domaine de Garron
Saint Laurent Chapelle
Saint Auxile Chapelle
la Bégude
les Arnaud
Rémillier
le Colle Blanche
l'Etang
les Clèdes
Château Grime
Péron
Joyeuse
le Petit Siaï
Saint-Paul-en-Forêt
Chapelle Sainte Anne
la Clue
Souliès
l'Endre Rivière
Forêt Domaniale de Saint-Paul-en-Forêt
Combe de Selves
Garduère
Bois de Prignonet
Bon Pin
la Rouvière
Chapelle de Pennafort
Ville Bonnefoy
Chapelle Saint Denis
IGNAN
Cascade de Pennafort
la Verrerie
Maupras
Bagnols-en-Forêt
Chapelle Saint Antoine
Terrissolle
Forêt Domaine
Castel Diao
Bois du Défens
MARTIN
Châteauvieux
Pic Rebéquier
la Colle du Rouet
Pic de la Gardiette
Château des Petits Esclans
du Rouet
Château du Rouet
GR 51
Varrayon
les Pradineaux
Bois de Malvoisin
les Grottes
Saint Michel d'Esclans
Catcheou
la Bouverie
Ancien de Mal
les Grands Clans
la Lieutenante
D 4
-en-Provence
le Mitan
Plaine d'Olive
la Marchandise
la Lègue
Saut du Capelan
la Motte
le Jas Neuf
la Silvestre
Baraille
le Capitou
Valbourgès Château
Clastron
Nartuby Rivière
Forêt Domaniale de Palayson
CAMP DE LA LÈGUE
les Rouvières
les Serres
la Combe Château
Lagourin
Fréjus
Collet Redon Château
les Peyrouas
le Muy
N 7
les Arquets
Puget-sur-Argens
la Valise
Château
A 8
E 80
Mosquée

109
D
E
F
Plateau de Calern
Caussols
Gouffre de l'Embut
Route Napoléon
Montagne de Thiey
Col de la Sine
Saint-Vallier-de-Thiey
Pas de la Faye
Gourdon
le Bar-sur-Loup
Gorges du Loup
Pont du Loup
Saut du Loup
Cascade de Courmes
Bramafan
Vallon de la Combe
le Haut Montet
Château de la Malle
Castellaras
Saint Christophe
Magagnosc
Châteauneuf
Opio
Roure
Col du Pilon
le Lauteron
Claux Amic
Col de la Lègue
Tumulus des Puades
Grottes de Saint Cézaire
Saint-Cézaire-sur-Siagne
Cabris
Spéracèdes
le Tignet
Peymeinade
GRASSE
SAINT-JEAN
SAINT-JOSEPH
SAINT-CLAUDE
SAINT-JACQUES
SAINT-ANTOINE
LE PLAN DE GRASSE
Plascassier
Mouans-Sartoux
Forêt de Peygros
Notre Dame de Valcluse
Auribeau-sur-Siagne
la Roquette-sur-Siagne
Pégomas
Tanneron
Notre Dame de Peygros
Chapelle Saint Cassien
Refuge de Saint Cassien
Lac de Saint-Cassien
Tournon
Montauroux
Colle de Mouton
Bois de Callian
Massif du Tanneron
Castel de Guiol
Mandelieu-la-Napoule
les Adrets
les Adrets-de-l'Esterel
Forêt Domaniale de l'Esterel
Mont Vinaigre
Auberge de l'Esterel
Parc de l'Esterel
Sommet du Marsaou
Col des Trois Termes
Col de la Cadière
Col des Suvières
Sommet de Malavelette
Pic de l'Ours
Col Notre-Dame
Col des Lentisques
Col du Mistral
Col Belle-Barbe
Golf de Valescure
LE CANNET
CANNES
Golfe de la Napoule
la Napoule
Théoule-sur-Mer
Pointe de l'Aiguille
la Galère
Théoule-Supérieur
Pointe de la Galère
Col de l'Esquillon
Pointe de l'Esquillon
Miramar
la Figueirette
Espéro-Pax
le Trayas
Col de l'Évêque
Cap Roux
Pointe Bacon
N 85
N 7
N 98
D 562
D 37
D 5
D 3
D 6
2km
117
123

A
B
C
M
1
2
3
4
5
6
le Touron
Sainte Marguerite
Saint Pons
Bouyon
Saint Martin-du-Var
la Roquette-sur-Var
Sainte Catherine
1445
1278
Saint Germain
le Broc
1535
la Colle
Bezaudun-les-Alpes
les Combes
Montagne du Chiers
Saint Sébastien
Porcio
1395
Coursegoules
1034
1085
Carros
le Martinet
Castagniers
le Méou
Mouton d'Anou
D 2209
Aspremont
Bastide de Vescagne
Corniche du Var
Carros-le-Neuf
les Selves
Colle de Puey Subert
1208
la Cagne Rivière
Signal de Perséguier
907
la Begude
les Cabbanes
1171
Gattières
D 2
884
Super Gattières
la Manda
Col de Vence
Source de Riou
Colomars
963
9%
Saint Jeannet
800
D 2210
les Cappans
Sirole
Bellet
Saint Roman
871
Saint Pierre
Saut du Loup
N 202
Courmes
Route des Grandes Alpes
229
Saint-Arnoux
Vence
la Gaude
Pic de Courmettes
1248
la Madeleine
Chapelle du Rosaire
Saint Michel
Sainte Pétronille
Nice-Saint Isidore
la Madeleine
Tourrettes-sur-Loup
Fondation Maeght
D 218
232
Val Fleuri
D 2210
342
Vallon du Claret
Saint Paul
le Loup Rivière
la Colle-sur-Loup
Saint-Laurent-du-Var
D 36
Château du Rouret
Rouret
D 6
CAGNES-sur-Mer
Nice-Saint Augustin
Saint Pons
les Furons
Roquefort-les-Pins
(210)
la Grange Rimade
Notre Dame de Protection
Grimaldi
Saint Laurent du Var
Château Mougins le Plan
les Maillans
Villeneuve-Loubet
N. Prom. d. Anglais
San Peyre
208
Tour de la Madone Ruine
(84)
Nice-Côte d'Azur
les Ghauves
176
D 2085
Moulin du Loup
Château de la Bégude
204
Villeneuve-Loubet
CROS-DE-CAGNES
Marina-Baie-des Anges
le Terme Blanc
Flory
200
Ville Bruc
Brouches du Loup
Valbonne
D 4
A 8
Saint Julien
(202)
Bois de Valbonne
les Soullières
Bouches du Loup
Biot
Villeneuve-Loubet-Plage
les Peyrouos
(80)
E 80
les Clausonnes
Musée Fernand Léger
Baie des Anges
le Val Martin
Sophia Antipolis
Funel Château
Zoo Marin
LA BRAGUE
243
la Provençale
Antibes-Ouest
SUPER-ANTIBES
Moulin du Roy
la Peyrière
LES BREGUIÈRES
Saint Basile
Antibes-Est
N 7
LES COMBES
LA FONTONNE
Mougins
LES SEMBOULES
Fort Carré
(260)
Sambourès
249
SAINT JEAN
Anse Saint-Roch
253
Saint-Maymes
FONTMERIE
ANTIBES
Musée
Anse de la Salis
CANNET
Vallauris
Lauvert
LA SALIS
Pointe Bacon
le Pezou
(122)
Plateau de la Garoupe
(110)
Golfe-Juan
JUAN-LES-PINS
ROCHEVILLE
TERREFIAL
SUPER-CANNES
Jardin Thuret
LA GARDIOLE
Observatoire de Super-Cannes
Plage de la Garoupe
SAINT-NICOLAS
LES NIELLES
Cap Gros
Golfe Juan
164
Hotel du Cap
LA GAROUPE
Palais des Festival
LES GABRES
Château du la Croé
Musée Tyckiama
Ville Eilenroc
LE SUQUET
Bd. de la Croisette
Cap d'Antibes
CANNES
Palm-Beach Casino
la Formigue
Pointe de la Croisette
Ile Sainte Marguerite
Pointe Bataignier
Pointe de la Convention
28
Plateau du Milieu
Iles de Lerins
Pointe Barbier
Abbaye de Lerins
Saint Honorat
Ile Saint Honorat
St.-Tropez

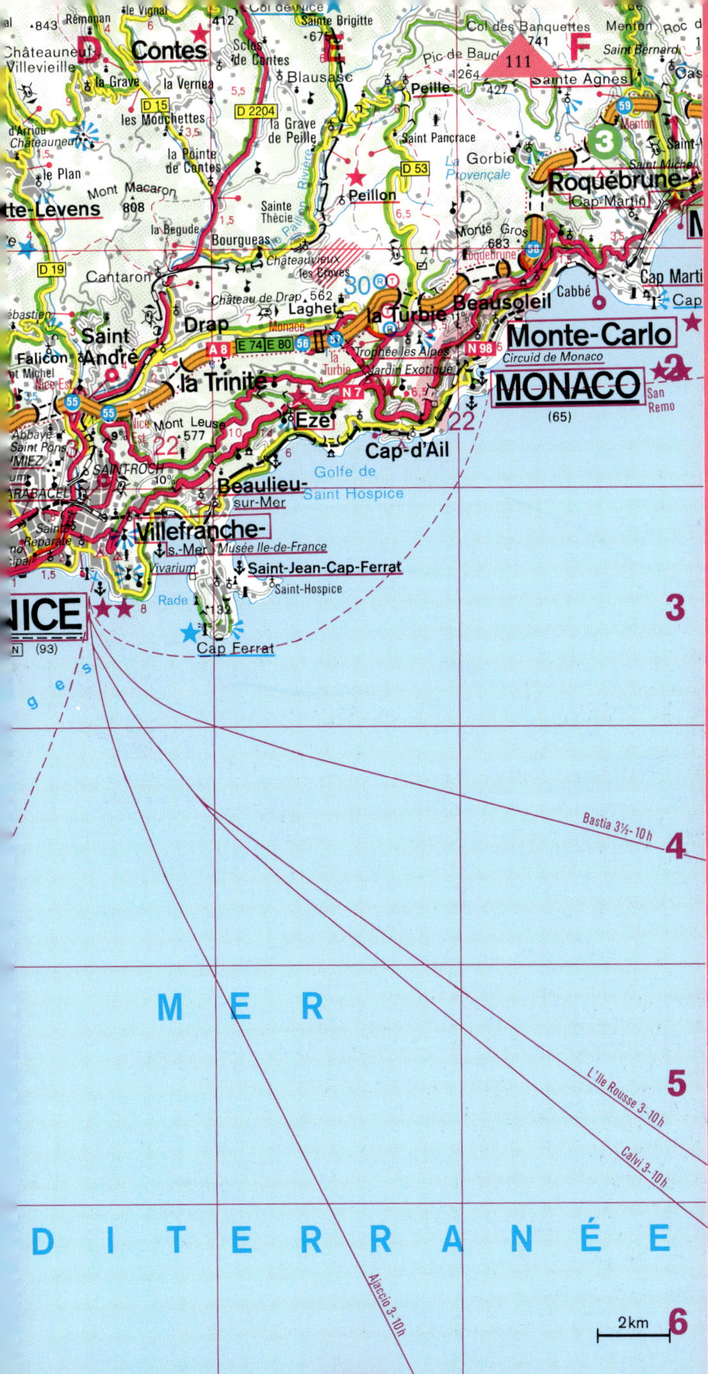
Contes
Sclos de Contes
Sainte Brigitte
Blausasc
Col des Banquettes
Menton
Pic de Baudon
111
Sainte Agnes
Peille
Saint Pancrace
Gorbio
La Provençale
Roquebrune
Cap-Martin
Châteauneuf-Villevieille
la Grave
la Vernea
les Mouchettes
la Grave de Peille
la Pointe de Contes
le Plan
Mont Macaron
808
Peillon
Sainte Thècie
la Begude
Bourgueas
Monte Gros
683
Châteauvieux les Groves
Cantaron
Château de Drap
562
Laghet
Drap
la Turbie
Beausoleil
Cabbé
Cap Martin
Monte-Carlo
Circuit de Monaco
MONACO
(65)
San Remo
Saint André
Falicon
la Trinité
Trophée les Alpes
Jardin Exotique
Mont Leuse
577
Eze
Cap-d'Ail
Golfe de Saint Hospice
Beaulieu-sur-Mer
Villefranche-s.-Mer
Musée Ile-de-France
Saint-Jean-Cap-Ferrat
Saint-Hospice
Rade
Cap Ferrat
NICE
(93)
Bastia 3½-10h
L'Ile Rousse 3-10h
Calvi 3-10h
Ajaccio 3-10h
MER
DITERRANÉE
2km
D
E
F
2
3
4
5
6

114
124
B
C
1
2
3
4
5
6
Montmeyan
Régusse
la Maison Blanche
Cascavéou
l'Auvidiuery
Bois de Pélenc
D 9
l'Auquier
de Locquier
l'Estre
Montagne des Espiguières
Chapelle Saint Marc
les Rayols Ferme
Aups
(505)
Saint Roch Chapelle
Château de Cresson
Notre Dame d'Huchanne
l'Euvière
Mourrefray
556
Gros Bec
433
Boquis
D 60
le Grand Nans
Vinatiers
le Petit Nans
Bassegat
Peyroste
Colline de Fabrègues
Château de Fabrègues
551
D 557
Plérimond
Gorge de Plérimond
Ribois
la Bastide Neuve
le Grand Rougiers
Bernadesc
D 71
la Curnière
401
Amphoux
Château de Cormeil
479
la Mendeirude
471
Saint Barthélemy
Bastide Neuve
la Coopérative
le Logis
439
Château Barras
Fox-Amphoux
(540)
la Grande Jonquerolle
Château de Bresc
Bresque Rivière
la Tullière
Campagne Neuve
le Grand Pouvet
462
D 13
Camparoux
le Défens
488
412
Saint Barnabé
Sillans-la-Cascade
261
Saint Romain
Salernes
(222)
D 560
Calissanne
347
les Cabanons
409
les Grangues
395
Château de Rognette
399
les Vaches
Sibile
Renoux
les Muets
Montagne du Serre
431
Monastère de Saint Joseph
322
450
les Hauts Laurons
Planmariau
Gros Bessillon
813
Bois du Bessillon
les Esclavaux
Cotignac
(260)
Château de Riforand
Bas
les Moulières
Notre Dame de Grâce
Bouillidou
Blein
294
Sainte Anne Chapelle
Entrecasteaux
(156)
Saint Andrieu
409
351
181
Notre Dame Chapelle
Saint-Antonin-du-Var
les Baumes
Bois de Correns
V
Ray de Robas
Bresque Rivière
Nestuby
D 13
Mousteïrol
165
Robernier Château
116
206
Correns
320
158
221
Carcès
Gaboin
134
340
les Praderies
Sainte Croix
les Camails
Montfort-sur-Argens
l'Argens
Saint-Christophe
Cascade de la Grand Ecluse
les Ferauds
Bastide Réal-Martin
148
137
la Commanderie
Château des Riaux
Lac de Carcès
les Bastides
D 13
330
Mines de Bauxite
353
D 562
801
Saint Vincent Chapelle
395
164
374
473
Saint Joseph
Sainte Susanne Ruines
Saint Loup
Château Jean Val
le Val
Vins-sur-Caramy
le Caramy Rivière
340
la Plaine Château
la Mueye
Chapelle Saint Christophe
Mines de Bauxite
Cabasse
Montagne de la Bouissière
la Michelle
D 554
Brignoles
39
des Plaines
Bois Pifforan
321
Valbonne
la Viguière
Brignoles
(215)
la Polka
324
Grand Candumy
Saint Martin
N 7
Palais de Comte
Fournery
Fontlade
Parc Mini France
la Provençale
E 80
Notre Dame d'Esperance
Pélicon
Mine de Bauxite
la Seigneurie
Saint-Baillon
la Gravière
322
le Lac
la Garriasse
Pique-Roque
Puits Hubacs
440
Chapelle Saint Sébastien
407
Maunier
455
Camps-la-Source
304
23
Grande Bastide
N 7
Pérégrinage
Bariéras
Flassans-sur-Issole
Sainte Aquilée Chapelle
Cambarel Ferme
D 554
les Adrets
240
528
Argentis
Saint Bernard Chapelle
306
Saint Quinis Chapelle
Barre de Saint-Quinis
636
Cabasson
l'Issole Rivière
Saint Martin
Blanquefort
Bois de Garéoult
557
les Bouguets
443
la Rouge
Besse-sur-Issole
Sainte Agathe Chapelle
Naple
Chapelle Sainte Croix
253
2km
l'Avelanne
352
l'Aubréguière
Sainte-Anastasie-sur-Issole
D 13
la Ferière Ferme
la Meissonnière
Château de la Croix de Bontar
Chapelle Saint Félix
Forcalqueiret
(296)
Domaine de Peirassou
l'Espine
Garéoult
312
Cocu du Fonthelle
247
le Grand Cros
328
421
Garouvin
Valcros
Fray Redon
Chapelle Saint Pierre

D
E
F
115
1
2
3
4
5
6
la Bastide Neuve
Chaudouin
Lavelan
Bastide Descoins
Bois des Blaquets
le Seuil
Chapelle Saint M
Chapelle de Favas
Château de Favas
D 19
Vergelin
Valuègne
Notre Dame du Plan
Turquet 927
le Moulin Vieux
Couan
Ratton
Fonteye
Montferrat
Notre Dame de Montferrat
Château de Beaudron
le Pavillon
Bois Commun de la Cos
Ville-Haute
Valségure
Bois des Prannes
la Baume
le Pigeonnier
le Logis
Ampus
Châteaudouble
Olves
Saint Pierre
Saint Jean de Châteaudouble
Gorges de Châteaudouble
Callas
la Grande Rimade
la Grange
la Pale
Château de la Garde
la Bégude
Saint Blaise
l'Étang
Tourtour (633)
Puy de la Sigue
Florielle
Rebouillon
Colle Pelade
Collefrat
Font Troussière
Château de la Sigue
D 955
les Salettes
Figanières (310)
la Clue
les Mandins
Lentier
le Clos de Reille
Saint-Esprit
le Villard
la Clape
les Esperels
Saint Pons
les Plans
le Figueiret
LENDEYZIERE
les Salles
DRAGUIGNAN
les Templiers
l'Aire-Vieille
Pierre de la Fée (Dolmen)
Antonidane
le Flayosquet
le Seiran
Tour de l'Horloge (181)
D 557
Carroussel
CANTE-PERDRIX
D 562
SAINT MARTIN
Terrisso
Château des Salgues
Flayosc
LE PETIT PLAN
BILLETTE
la Basse Maure
les Imberts
Grenouillet
Notre-Dame des Selves
Varrayon
D 10
Moulin la Ressence
Baudin
la Meyère
le Martinet
recasteaux
Bois de Sainte Foy
Bernes
Sauve-Clare
Chapelle Saint Victor
les Salettes
Dandarellet
Trans-en-Provence (146)
Sainte Foy
Notre Dame de Benva
Saint Ferreol Chapelle
le Content
Lorgues (239)
la Clapière
Saint Christophe
Roubine
les Nouradons
les Planes
Saut du Capelan
Château Renard
Sainte Anne Chapelle
les Pailles
le Fabrègue
le Peïcal
N 555
Valbourgès Château
Saint Jeaume
Notre Dame de Florieye
Château de Selles
les Selves
D 562
Saint-Jean Chapelle
Château de Rasque
le Cyprès
D 555
Sainte Roseline
Collet Redon
les Chênes Verts
Ancienne Abbaye
la Valise
les Mauniers
la Corneirède
D 10
Florieye Rivière
les Gros Reyniers
les Arcs (74)
Saint Martin
les Fadons
les Manéous
Bon Repos
Saint Martin la Combe
les Laurons
la Martinette Château
Taradeau
les Chaberts
le Thoronet (142)
les Descatis
la Pesotte
les Crottes Château
Château de la Cognasse
la Provence
Argens
Belle Vue
Bois d'Astros
Saint Martin
Vidauban
N 7
Tholon Ferme
Sommet
les Codouls
les Brégons
les Bertrands
Astros (56)
Sommet de l'Escarayol
D 17
Saint Lambert
les Ubacs
Brigues
Sainte Brigitte
Forêt Com
Miolan
Châteauneuf
Tourtin Ferme
Chaume
Castel
les Pommiers
Saint-Maisse
les Blais
l'Amaurique
le Vieux Cannet
D 48
Espérifé
la Bastide-Rouge
l'Aubé
la Forge
Ramatuelle
Rinaou
Mouresse
Peissonnel
Luc (168)
le Cannet-des-Maures (127)
Zoo
Saint Julien
Bois de Bouis
Langastoua
Roux
la Miquelette
Aille Rivière
Saint André
la Haute Verrerie
les Vingtinières
Bastide Constant
Bois du Rouquan
les Fenouils
les Portètes
Bastide Riotort
Vaucron
la Pardiguière
les Andracs
Bastide Tasguier
A 57
Bois de Balançan
la Basse Verrerie
D 558
Camp Long
Colle Du
Raillane
Verger d'Icard
les Cabrettes
Repenti
Tour Beaumet
Péguier
le Fraisse
la Moure
les Plaines
la Gorgue
Autodrome du Var
Serre-Long
les Mourgues
Col de Vignon
les Cours des Longs
la Tuilière
la Grande Pièce
Croix des Maures
Forêt de la Garde Freinet
la Haute Lioure
Mourrefrey
Seignerolles
Bois des Plaines
la Tuilière
Rascas
Jaumas
Bagarède
Pourcares
les Mayons
Saint Clément Chapelle
les Vernades
Valpayette
Notre-Dame
la Garde-Freinet (405)
125
Moulin du Pibier
Lautourière

116

le Muy
la Combe Château
Saint Barthélemy
les Arquets
Lagourin
Puget-sur-Argens
Mosquée Soudanaise (Missiri)
Château Aurélie
les Rouvières
les Peyrouas
Collet Redon Château
la Valise
la Roquette
Notre-Dame de la Roquette
les Deguiers
Palayson Château
Château de Vaucouleurs
Saint Sauveur
l'Aire Belle
Puget-sur-Argens
Roquebrune-sur-Argens
Montagne de Roquebrune
Saint Pierre
Escaravatier
FRÉJUS
(8)
la Gachette
le Muy
la Provençale
les Preyres
les Charles
Notre-Dame de Pitié
la Galande
la Vernède
les Tourres
Ruines Romaines
Aquatica
les Canebières
Sommet du Peynier
301
Saint Martin Fermes
le Clos Château
Forêt Communale des Arcs
Biscarlot
Sommet de Saint-Martin
510
les Bauquières
les Planes
Domaine des Baux
les Nicoles
Château de Villepey
Saint-Raphaël
Alleman
355
du Grand Courrent
Moulières
Longues Ruines
le Vieux Revest
Château de la Mère
328
les Nicoles
Aubé
Pourrières
Chapelle du Suy
474
Château Panescorse
Garandin
Langastoua
Leaube
Col de Gratteloup
Peigros
Bérenguier
la Bastide Neuve
230
l'Agriotier
255
Pointe
204
270
le Revest
225
531
341
la Gaillarde
les Bas Oliviers
les Pierrons
les Gastons
les Ricards
le Bernard
Cabasse
352
Bois d'Angelis
le Lissandre
242
Pointe
les Issambres
Colle Dure
537
les Roussillons
244
259
les Amandiers
Masset
150
Cabrettes
Valauris
Gassine
les Gambades
Couloubier Ruisseau
Mondon
la Garonnette
San-Peïre-sur-Mer
Plan-de-la-Tour
Emponse
le Plan
Bagarri
les Monges
337
133
Val d'Esquières
le Varnet
Col de Vignon
les Roubauds
les Sigalas
Préconil
le Couloubrier
24
les Saquèdes
les Messugues
les Baumettes
Baie de Bougnon
Haute Lioure
441
les Brugassières
Prat-Bourdin
Coriolan
Isnard
Reboul
Hameau de Souleyras
Bouillonnet
la Nartelle
Sémaphore
Pointe des Sardinaux
128
Pourcaresse
Saint Preire
Haute Suane
les Boutilliers
les Vernades
Lautourière
Reverdi
416
350
Sainte-Maxime
(25)
352
Mourresson
Nogatier
356
l'Avelan
le Raymond
Guerre-Vieille
Grande Pointe
la Mente
198
le Colombier
les Mûres
Beauvallon
Villa Sabi-Pas
Golfe de Saint-Tropez
Baie des Canebiers
Pointe de Rabiou
le Roux Mont
254
les Canignons
les Cadelons
Port Grimaud
Plage des Graniers
Citadelle
66
le Cap Château
Grimaud
(100)
Notre-Dame de Queste
Saint-Pons-les-Mures
St.-Tropez
le Moulin
Musée de l'Annonciade
l'Estagnet
Cap de Saint
le Pierredon
le Baron
la Foux
le Pilon
Blanc
le Pin
la Moutte
Plage des Salins
la Reparade
l'Amiraute
les Vignaux
la Chaux
Jauffret
Berfaud Château
la Bouillabaisse
les Canebiers
les Salins
Saint Maur
Saint-Pierre
la Giscle
Domaine de Bourrian
Bertaud
Malleribes
Sainte-Anne
la Massardière Château
Cogolin
(14)
les Massanes
les Garcinnières
Bestagne
les Mares
163
la Capilla
89
Saint Amé
Château Pinet
Cap du Pinet
Plage de Tahiti
le Mourillon
la Vapeur
Belieu
Val de Rian
Gras
les Crottes
Bois de Faucon
Château Tremouries
Caruby
Bourrian
Minuty
la Rouillère
Pampelonne Château
Anse de Pampelonne
Giégi
127
Rebois
167
43
le Jas du Barrage
Figarets
Bagarède
Pimpinon
Gassin
(201)
Pampelonne
Plage de Pampelonne
la Tuilière
Moulin de Paillas
Loumède
les Baraques
la Môle Rivière
220
les Chênes
326
Ramatuelle
(135)
le Plan
Val d'Astier
Gourbenet
Gassinière
Moulins Ruines de Paillas
Pointe de la Bonne Terrasse
les Rochers Blancs
la Grangue
les Tournels
la Ratonnière
le Peinier
221
la Croix-Valmer
le Drac
Val de Pons
Camarat
Cap Camarat
Rocher des Portes
387
(120)
Château Volféra
Montjean
460
Barbigoua
Col de Collebasse
la Tourraque
131
l'Arbre
les Collières
la Ricarde
la Vallée
Saint-Michel
129
l'Escalet
Roche Escudelier
Pradels
Pardigon
Vergeron
Villa Bergès
528
Cros de Mouton
59
Heraclée
le Mas de Gigaro
la Bastide Blanche
164
Plage de l'Escalet
Malatra
Vivart
Baie de Bonporteau
492
Baie de Cavalaire
les Brouis
la Roserale
Cavalaire-sur-Mer
Pointe Andati
Plage de la Briande
65
les Pierrugues
144
Cap Cartaya
Baie de Briande
Cap Cavalaire
77
Canadel
146
Cap Lardier
le Dattier
Rayol
Pointe de la Chappe

Col des Lentisques 263
323
le Trayas
103
Col du Mistral
93
Col de l'Evêque
160
Estérel
E
F
32
117
Ermitage
Col Belle-Barbe
45
Pic du Cap Roux
452
Pointe du Cap Roux
Golf de Valescure
les Bastides de Valescure
le Grenouiller
Ferme
VALESCURE
56
les Grottes
Rastel d'Agay
288
Roc Saint Barthélemy
N 98
Corniche de l'Esterel
Cannes
1
les Grands Caous
Peysserin
Anthéor-Plage
180
Agay
Ile des Vieilles
LE PETIT DÉFENS
BOULOURIS
Château d'Agay
Anthéor
Pointe de la Baumette
Templiers
le Dramont
LES PLAINES
Camp-Long
Aigue Bonne
128
Cap du Dramont
Pointe de Cadéous
Ile d'Or
Pointe de l'Esquine de l'Ay
le Lion de Mer
2
3
MER
MÉDITERRANÉE
4
5
6
2km

120
A
B
C
1
2
5
6
Fray Redon
446
Rocbaron
Ruines de Saint-Sauveur
Puget-Ville
le Canadel
Thèmes
Garouvin
les Cros de Sauvan
Notre Dame Chapelle
Carnoules
Pignans
Saint-Victor
Servante
Chapelle Saint Pierre
Valcros
Chapelle Saint-Bartélemy
Rimauret
les Pierres-Blanches
le Bron
Cogolin
Mas de Brun
le Mas
D 12
le Rayol
Trians
D 43
Pilon Saint Clément
705
Sainte Philomène
l'Allamande
Vallon de la Foux
696
Teisseire
les Veys
Ruol
N 97
A 57
Aumérat
Peigros
244
les Vidaux
le Fédon
449
Vallon de Maraval
Sommet du Peyron
440
la Chugu
la Portanière
217
la Tuilière
le Réal Rivière
291
D 14
la Portanière
Montaud Château
Cuers
(139)
Cuers-Nord
les Marais Ferme
Beauvais
Font-Freye Château
Pierrefeu-du-Var
Castellas de Cuers
449
Sainte Christine Chapelle
Cuers-Sud
la Moutète
l'Aumérade
la Tour-de l'Evêque
Baisse du Castellas
340
le Temple
424
les Andués
Solliès-Toucas
Chapelle Saint Jean
Bousse
270
Sigalous
Forêt de Pierrefeu
la Picotte
la Favoride
Méliot
le Maupas
les Vanades
Forêt
355
Sainte Christine
la Bayolle
240
la Mayonnette
Castel Roux
Camp-Long
les Terrins
la Navarre Séminaire
299
Maures
les Laugiers
Saint Isidore Chapelle
357
des Maures
Solliès-Pont
la Décapris
la Bastidette
l'Anguille
les Maurettes
200
D 12
278
Solliès-Ville
la Tour
23
Valbonne
Gaoulobry
la Farlède
les Daix
les Maures
les Troisièmes Bastides
le Val de Salerne
Notre Dame des Maures
63
Maraval
Sauvebonne
227
les Mauniers
la Castille Château
les Martins
29
les Deuxièmes Bastides
Sémin
Monache Château
Mont Redon
198
le Viet Ferme
281
Ginouvier
la Givaudanne
les Laures
82
la Tuilerie
les Jassons
la Cheylanne
206
la Farlède
la Crau
la Roquette Château
LE PLAN DU PONT
la Clapière
le Loli
224
les Pansards
N 97
les Pourpres
Notre Dame Fenouillet
les Maurettes
SAINT-ROCH
Sainte Eulalie Chapelle
la Coulerette
D 554
le Fenouillet
291
HYÈRES
(40)
la Grande Bastide
la Couture
le Galoupet
Mauvanne
Château de la Pascalette
le Bastidon
Cité
A 570
la Pauline
LA BAYORRE
MATAFFE
Château du Clos
la Garde
la Giavis
Saint Louis
CASINO
LES SALINS D'HYÈRES
le Plan
Saint Gervais
la Moutonne
Saint Louis Jardin
Olbius-Riquier
Berriau-Plage
Plage de Miramar
Château de la Voulte
33
Astouret
la Recense
SAINT MARTIN
LES CABANES DU GAPEAU
109
LES NARTETTES
AYGUADE-PLAGE
D 559
le Paradis
289
Notre-Dame de Consolation
LE CEINTURON-PLAGE
le Pradet
COSTEBELLE
100
Aéroport de Toulon Hyères
Fort de la Colle Noire
Carqueiranne
les Oursinières
295
les Salettes
HYÈRES-PLAGE
le Canebas
le Pradon
L'ALMANARRE
Salins des Pesquiers
Rade d'
Fort de la Gavaresse
11
LA CAPTE
Golfe de Giens
D 97
Toulon 1h
Étang des Pesquiers
Presqu'île de Giens
LA BERGERIE
LA MADRAGUE
GIENS
118
Cap de l'Esterel
Baie d. Niel
LA POLYNÉSIE
Pointe Escampobariou
Ile du Grand Ribaud
Ile de Porquerolles
Anse Notre-Dame
Petite Passe
Cap Rousset
Pointe Lequin
Forêt de la Repentance
Ile du Pi. Langoustier
Sémaphore
Mont S
87
PORQUEROLLES
Mont de Tièlo
97
83
Cap d'Arme

121
les Mayons
Valpayette
Notre-Dame du Figuier
Malvallon
Roches Blanches
Court
les Giorels
Val Daubert
le Nil du Duc
Saint Clément Chapelle
Moulin du Pichier
les Vernades
Lautourière
la Mente
Col de Fourche
Notre-Dame des Anges
la Sauvette
Valescure
Cros de Mouton
Gagnal
Camp de la Suyère
Valdigièri
la Tourre
les Sauvettes
Vaucaude
Rivière Grimaud
Plane Suvière
Portonfus
la Reparade
l'Amirauté
Grenouille
Saint Maur
Jaumet Ferme
l'Hermitan
Cogolin
les Maurets
Capelude
le Laïré
les Crottes
Puade
Bourdin
Col de Taillude
les Rabassières
Rascas
Chartreuse de la Verne
la Verne
Barrage de la Verne
Saint Marc
Bois de Faucon
les Figarets
Collobrières
la Rivière
Forêt de Lambert
les Guiols
Pélassy
Maravielle
M a u r e s
d e s
les Cabris
Bois Matau
Château de la Môle
la Môle
Siouvette
le Destel
la Ratonnière
le Grand Noyer
les Campaux
Sainte Marie
Niagara (Parc Nautique)
l'Avellan
Col de Babaou
le Petit Noyer
Sommet du Laquina
Montjean
Val d'Enfer
Murène
Gratué
les Pradels
Malatra
les Jas du Péou
le Pommier
Bois de Font-Frège
N 98
Forêt du Dom
Poste de Garde-Feu
Curet
la Colle
Col du Canadel
la Roseraie
Arboretum
Auberge du Dom
Sauvaire
Biscarre
le Drapeau
les Pierrugues
les Hauts de Porquerolles
Col de Gratteloup
Enguilbert
la Faveirolle
Corniche des Maures
le Canadel
Rayol-Canadel-sur-Mer
Manjastre
Coste Drèche
Pierre d'Avignon
Col de Cagoven
Notre-Dame de Constance
Aigue-Belle
Cavalière
Pramousquier
le Rayol
le Dattier
Robin's Hôtel
Bormes-les-Mimosas
Carafaton
la Fossette
D 559
Pointe du Layet
Cap Nègre
le Pin
la Vielle
Saint Clair
l'Angueiron
le Lavandou
Cavalaire-sur-Mer
Rade de Bormes
le Niel
la Tuilerie
la Favière
Plage de la Favière
Pas de la Griotte
Gaspardet
la Ris
Pointe du Gau
le Gau
Baie du Gau
Brégançon
Léoube
Cabasson
les Fourches
Bénat
Pointe de l'Esquillette
Cap Bénat
Tour Sarrazine
Sémaphore
Cap de Brégançon
Pointe de la Tripe
Cap Blanc
4
d' H y è r e s
Pointe du Castellas
Ile du Levant
les Pierres Blanches
Anse du Liserot
Calanque de l'Avis
LE GRAND AVIS
Ile de Port-Cros
Pointe de la Galère
Pointe de Port-Man
Vieux Fort
Arbousier
HELIOPOLIS
le Grand Cap
Grande Calanque
Ile de Bagaud
Parc National
PORT-CROS
PORT-MAN
Passe des Grottes
Pointe Maupertuis
Port-Cros
Fortin de la Vigie
Pointe du Cognet
Grande Passe
5
6
2km
125

LEGENDE REISEATLAS

Deutsch	Symbol	English
Autobahn · Gebührenpflichtige Anschlußstelle · Gebührenstelle · Anschlußstelle mit Nummer · Rasthaus mit Übernachtung · Raststätte · Erfrischungsstelle · Tankstelle · Parkplatz mit und ohne WC	Trento 11 R R E T P P	Motorway · Toll junction · Toll station · Junction with number · Motel · Restaurant · Snackbar · Filling-station · Parking place with and without WC
Autobahn in Bau und geplant mit Datum der Verkehrsübergabe	Datum Date	Motorway under construction and projected with completion date
Zweibahnige Straße (4-spurig)		Dual carriageway (4 lanes)
Fernverkehrsstraße · Straßennummern	14 E45	Trunk road · Road numbers
Wichtige Hauptstraße		Important main road
Hauptstraße · Tunnel · Brücke		Main road · Tunnel · Bridge
Nebenstraßen		Minor roads
Fahrweg · Fußweg		Track · Footpath
Wanderweg (Auswahl)		Tourist footpath (selection)
Eisenbahn mit Fernverkehr		Main line railway
Zahnradbahn, Standseilbahn		Rack-railway, funicular
Kabinenschwebebahn · Sessellift		Aerial cableway · Chair-lift
Autofähre		Car ferry
Personenfähre		Passenger ferry
Schifffahrtslinie		Shipping route
Naturschutzgebiet · Sperrgebiet		Nature reserve · Prohibited area
Nationalpark, Naturpark · Wald		National park, natural park · Forest
Straße für Kfz gesperrt		Road closed to motor vehicles
Straße mit Gebühr		Toll road
Straße mit Wintersperre	XII-II	Road closed in winter
Straße für Wohnanhänger gesperrt bzw. nicht empfehlenswert		Road closed or not recommended for caravans
Touristenstraße · Pass	Weinstraße 1510	Tourist route · Pass
Schöner Ausblick · Rundblick · Landschaftlich bes. schöne Strecke		Scenic view · Panoramic view · Route with beautiful scenery
Golfplatz · Schwimmbad		Golf-course · Swimming pool
Ferienzeltplatz · Zeltplatz		Holiday camp · Transit camp
Jugendherberge · Sprungschanze		Youth hostel · Ski jump
Kirche im Ort, freistehend · Kapelle		Church · Chapel
Kloster · Klosterruine		Monastery · Monastery ruin
Schloss, Burg · Schloss-, Burgruine		Palace, castle · Ruin
Turm · Funk-, Fernsehturm		Tower · Radio-, TV-tower
Leuchtturm · Kraftwerk		Lighthouse · Power station
Wasserfall · Schleuse		Waterfall · Lock
Bauwerk · Marktplatz, Areal		Important building · Market place, area
Ausgrabungs- u. Ruinenstätte · Feldkreuz		Arch. excavation, ruins · Calvary
Dolmen · Menhir		Dolmen · Menhir
Hünen-, Hügelgrab · Soldatenfriedhof		Cairn · Military cemetery
Hotel, Gasthaus, Berghütte · Höhle		Hotel, inn, refuge · Cave

Deutsch	Symbol	English
Kultur		**Culture**
Malerisches Ortsbild · Ortshöhe	WIEN (171)	Picturesque town · Elevation
Eine Reise wert	★★ MILANO	Worth a journey
Lohnt einen Umweg	★ TEMPLIN	Worth a detour
Sehenswert	Andermatt	Worth seeing
Landschaft		**Landscape**
Eine Reise wert	★★ Las Cañadas	Worth a journey
Lohnt einen Umweg	★ Texel	Worth a detour
Sehenswert	Dikti	Worth seeing

4 km

Halbfette Seitenzahlen verweisen auf den Haupteintrag, kursive auf ein Foto.

Orte

Hotels

Was bekomme ich für mein Geld?

1 Französischer Franc ist rund 30 Pfennige wert. Doch Frankreich ist nicht gerade billig und die Côte d'Azur erst recht nicht. Das ändert sich, wenn Sie ins Landesinnere fahren. Dort ist alles preiswerter.

Einen Brief innerhalb der Europäischen Union müssen Sie mit 3 FF frankieren. Ein Telefonat nach Hause kostet 2 bis 2,50 FF pro Minute (21.30–8 Uhr, an Wochenenden ab Sa 14 Uhr verbilligt). Ein *café* (kleiner Espresso) kommt auf 6–8 FF, ein *café au lait* (große Tasse Milchkaffee) auf rund 18 FF, ein Croissant auf 4–6 FF. Für ein preiswertes Menü ohne Wein sind 60–75 FF zu bezahlen, ein ordentlicher Flaschenwein kostet im Lokal 50–60 FF.

Die Campingplätze verlangen pro Person und Nach 40–50 FF, die gar nicht so billigen Jugendherbergen 80–200 FF.

Der Liter Super-Bleifrei *(super sans plomb)* kostet an der Tankstelle 7,30 FF, bei Supermärkten bezahlt man rund 0,80 FF weniger. Der Liter Diesel *(gazole)* kostet etwa 5,70 FF. Preise auf dem Stand von Anfang 2000.

Fast überall gibt es Geldautomaten für EC- oder Kreditkarten mit Geheimnummer. Barauszahlung bis zum Höchstbetrag von 1400 FF. Im übrigen werden allerorts die üblichen Kreditkarten akzeptiert.

DM	FF	FF	DM
1	3,35	1	0,30
2	6,71	5	1,49
3	10,06	10	2,98
4	13,42	20	5,96
5	16,77	30	8,94
10	33,54	40	11,93
20	67,08	50	14,91
25	83,85	75	22,36
30	100,62	100	29,82
40	134,15	200	59,63
50	167,69	300	89,45
75	251,54	400	119,27
100	335,39	500	149,08
200	670,77	600	178,90
250	838,46	700	208,72
300	1.006,16	800	238,53
500	1.676,93	900	268,35
750	2.515,39	1.000	298,16
1.000	3.353,85	2.500	745,41
2.000	6.707,71	5.000	1.490,82

Seit 1999 gelten bis zur endgültigen Einführung des Euro die obenstehenden Kurse. Sie sind keinen Schwankungen mehr unterworfen.